Martin Kneip

Data Mining

GRIN - Verlag für akademische Texte

Der GRIN Verlag mit Sitz in München hat sich seit der Gründung im Jahr 1998 auf die Veröffentlichung akademischer Texte spezialisiert.

Die Verlagswebseite www.grin.com ist für Studenten, Hochschullehrer und andere Akademiker die ideale Plattform, ihre Fachtexte, Studienarbeiten, Abschlussarbeiten oder Dissertationen einem breiten Publikum zu präsentieren.

Dokument Nr. V88653 aus dem GRIN Verlagsprogramm

Martin Kneip

Data Mining

GRIN Verlag

Bibliografische Information der Deutschen Nationalbibliothek: Die Deutsche Bibliothek verzeichnet diese Publikation in der Deutschen Nationalbibliografie; detaillierte bibliografische Daten sind im Internet über http://dnb.d-nb.de/ abrufbar.

1. Auflage 2005
Copyright © 2005 GRIN Verlag
http://www.grin.com/
Druck und Bindung: Books on Demand GmbH, Norderstedt Germany
ISBN 978-3-638-92784-0

Data Mining

Seminararbeit

FERNUNIVERSITÄT in Hagen
FACHBEREICH WIRTSCHAFTSWISSENSCHAFTEN
LEHRSTUHL FÜR WIRTSCHAFTSINFORMATIK

vorgelegt von

dipl.-phys. Martin K. Kneip

Hagen 10.05.2005

Inhaltsverzeichnis

Einleitung

In der heutigen Zeit werden Unternehmen und Institutionen, bedingt durch den technologischen Fortschritt, mit einer enormen Flut unterschiedlichster Daten konfrontiert. Das Earth Observing System der NASA mit seinen Satelliten produziert beispielsweise über 50GB Daten pro Stunde (NASA (2005)). Insbesondere für das Management enthalten diese Daten wertvolles Wissen, um Probleme aufzudecken, Produktionsabläufe zu optimieren oder bessere Zukunftsprognosen anzustellen. Resultat dieser Bemühungen um den strategischen Wettbewerbsfaktor Wissen ist eine langfristig bessere Positionierung des Unternehmens am Markt. Ohne Analyse dieser Daten steht jedoch das Wissen nicht zur Verfügung. Aufgrund der Datenmenge scheiden jedoch manuelle Analyseverfahren aus und es werden schnelle und effiziente automatisierte Analyseverfahren nötig. Mit dem Data Mining beziehungsweise dem Knowledge Discovery in Databases (KDD) existiert ein mächtiges Werkzeug, um die sehr umfangreiche Aufgabe der Wissensextraktion zu bewältigen, so daß das Interesse der Forschung und Industrie an diesem Gebiet stetig ansteigt (PETRAK (1997, S.1)).

Anzumerken ist jedoch, daß das Data Mining ein relativ junges Forschungsgebiet ist und daher die Meinungen, was Data Mining ist und was Data Mining zugeordnet werden soll, teilweise stark differieren.

In dieser Arbeit wird im ersten Kapitel ein allgemeiner Überblick über Data Mining gegeben. Dazu wird der Begriff Data Mining erläutert, gegenüber dem KDD abgegrenzt und das Data Mining bezüglich seiner Arten, Aufgaben, Ziele und Bedeutung eingeordnet. Im zweiten Kapitel werden verschiedene etablierte und neuere Data Mining-Verfahren vorgestellt. Der konkreten Ausgestaltung des Data Mining in der Praxis widmet sich Kapitel drei. Neben der Vorstellung des CRISP-DM Modells und des Ansatzes Data Mining direkt in Datenbank Management Systemen zu integrieren, wird die Anwendung anhand von drei Beispielen: SQL/MM, SAS und SPSS vorgestellt. Im vierten Kapitel wird exemplarisch auf die vielfältigen wirtschaftlichen Anwendungsmöglichkeiten des Data Mining eingegangen. Nach einem Überblick werden die Bereiche Marketing, Handel, Bankenwesen, Verbrechensbekämpfung und Suchmaschinen genauer beleuchtet. Daß auch beim Data Mining einige Probleme auftreten, wird im Kapitel fünf betrachtet. Der Fokus liegt hier auf den Problemfeldern Softwarequalität, Datenschutz, Laufzeitverhalten und Aussagekraft der Ergebnisse. Abgeschlossen werden die Ausführungen dieser Arbeit mit einer Zusammenfassung. Da der Rahmen dieser Arbeit nur einen kleinen Einblick in die sehr umfangreiche Thematik erlaubt, müssen die jeweiligen Ausführungen knapp gehalten werden.

Kapitel 1

Überblick über das Data Mining

1.1 Der Begriff Data Mining

Unter dem Begriff Data Mining werden in der Literatur Techniken zum systematischen voll- oder halbautomatischen Auffinden nützlicher und interessanter Regeln und Muster verstanden ((BISSANTZ 1996, S.1)). Gesucht wird in Datenbeständen, großen strukturierten, teilweise dynamischen oder komplex strukturierten, Beständen numerischer, nominal oder ordinal skalierter Daten, (GEBHARDT (1994, S.9)). Ziel ist die Entdecken und Extraktion von implizitem Wissen. Eine exakte Definition läßt sich nicht angeben, da in der Literatur keine einheitliche existiert.

So finden sich Definitionsansätze mit informationstechnischen Schwerpunkt bei BERRY U. LINOFF (1997) und DECKER U. FOCARDI (1995). Berry und Linoff verstehen unter Data Mining die Erforschung und Analyse großer Datenmengen mit automatischen beziehungsweise halbautomatischen Werkzeugen mit dem Ziel bedeutungsvolle Muster und Regeln aufzudecken. Bei Decker und Focardi ist Data Mining die Problemlösungsmethodik für logische oder mathematische Muster und Regelmäßigkeiten in Daten zu erkennen.

Eine etwas andere Sichtweise findet sich bei KNOBLOCH U. WEIDNER (2000) oder THEARLING (2005). Dort wird unter Data Mining die nichttriviale Entdeckung gültiger, neuer, potentiell nützlicher, verständlicher Muster in großen Datenbanken verstanden. Explizites Wissen gewinnt man aus den durch das Data Mining gewonnenen Mustern durch Interpretation und Evaluation. Nicht genau definiert ist, welche Verfahren, die derartige Datenanalysen durchführen können, konkret dem Data Mining zuzuordnen sind. Aufgrund der Nichttrivialität der Suche in den Datenbanken werden Methoden aus der Statistik und aus dem Bereich wissensbasierter Systeme angewendet (LUSTI (1999, S.350)).

Ursprünglich läßt sich der Begriff Data Mining dem Bereich Statistik zuordnen. Dort kennzeichnet Data Mining die selektive Methodenanwendung zur Bestätigung vorformulierter Hypothesen (GROB U. BENSBERG (1999)). Daher haben auch heute noch viele Data Mining-Methoden ihren Ursprung in statistischen Verfahren.

1.2 Einordnung des Data Mining

Die Einordnung hängt eng mit der Abgrenzung des Data Mining gegenüber dem Knowledge Discovery in Databases (KDD) zusammen. Unter KDD wird ein nichttrivialer Prozeß verstanden, der valide, potentiell nützliche und interessante, neuartige und in Syntax und Semantik klar verständliche Muster in Daten identifiziert (FAYYAD U. A. (1996B, S.66/67)). KDD ist der gesamte Prozeß zur Wissensgewinnung von den Rohdaten aus bis zu verständlichen Aussagen beziehungsweise Zusammenhängen (VAN HOANG (2004, S.2/3)). Dieser kann aufgrund seiner Komplexität nicht vollautomatisch ablaufen, sondern benötigt menschlichen Eingriff (MAYR (1999A, S.23)). Unterteilt wird der Prozeß in vier oder fünf Phasen. FAYYAD U. A. (1996B) unterscheiden eine Selektionsphase zur Auswahl von Daten aus der Gesamtdatenmenge, eine Vorverarbeitungsphase zur Säuberung der Daten (Korrektur falscher Einträge, Ergänzen von fehlenden Daten), eine Transformations- beziehungsweise Codierungsphase der Daten für die Analyse, eine Data Mining-Phase zum Ermitteln der Muster und Beziehungen und eine Interpretations- und Evaluationsphase, im Rahmen derer die Muster in eine benutzerfreundliche und verständliche Form, gebracht werden . In NAKHAEIZADEH U. A. (1998, S.2) werden die Selektion und Vorverarbeitung zu einer Phase zusammengefaßt, während bei PETRAK (1997, S.4-8) zwar die beiden letzten Phasen gleich sind, jedoch statt der drei ersten Phasen eine Planungsphase zur Festlegung organisatorischer Punkte und eine Vorbereitungsphase für die konkreten Daten angeführt werden.

Zu beachten ist, daß die Phasen iterativ sind und mehrmals in unterschiedlicher Reihenfolge durchlaufen werden können. Daher sind Planung und Durchführung des KDD-Prozesses in der Regel nicht automatisierbar (DÜSING (1998, S.295)).

Allen Modellen gemeinsam ist, daß das Data Mining als der Teilschritt des KDD angesehen wird, welcher für die Anwendung der Algorithmen zur Musterfindung zuständig ist. Teilweise wird in diesem Zusammenhang auch von einem Data Mining im engerem Sinne gesprochen (FAYYAD U. A. (1996A, S.66/67), REINARTZ (1999, S.1-2) und SOEFFKY (1997, S.32)). In einigen Literaturquellen existiert dagegen die Ansicht den Begriff Data Mining mit dem Begriff KDD gleichzusetzen (ZYTKOW U. QUAFAFOU (1998, S.V) und KÜPPERS (1999, S.23/24)). Dieser Ansicht wird in dieser Arbeit aber nicht gefolgt.

Schließlich läßt sich das Data Mining noch in Bezug auf seine Zugehörigkeit zu den Datenanalyseproblemen einordnen. Datenanalyseprobleme werden in zwei Klassen eingeteilt, nach dem Kriterium inwieweit Hypothesen des Anwenders eingehen. Unterschieden werden hypothesengetriebene, die Annahmen oder Theorien anhand von Datenbeständen verifizieren oder falsifizieren sollen und hypothesenfreie Probleme, bei denen ohne Annahme einer speziellen Hypothese neue Erkenntnisse aus Daten erzeugt werden sollen. Da Data Mining-Verfahren nicht Muster durch vorgegebene Präferenzen übersehen sollen, sind sie nach den Ausführungen des vorangegangenen Abschnitts der zweiten Kategorie einzuordnen (KNOBLOCH U. WEIDNER (2000), BISSANTZ (1998, S.322) und MERTENS U. A. (1997, S.180)).

1.3 Arten des Data Mining

Die klassische Form des Data Mining ist die Suche nach Mustern in tabellarisch vorliegenden Datenbeständen. Die Muster können dabei verschiedener Natur sein, wie Objektbeziehungen, räumliche Muster, zeitliche Verläufe oder mathematische Gesetzmäßigkeiten. Dieser Art widmet sich die vorliegende Arbeit.

Da nicht alle Daten in tabellarischer Form vorliegen, sind in letzter Zeit weitere Arten des Data Mining entstanden. Liegen die Daten in Textform vor, so spricht man von Text Mining. Hierbei werden Texte auf ihre Ähnlichkeiten hin analysiert und klassifiziert. Die entsprechende Analyse von Internetseiten, sowohl in Bezug auf Inhalt, als auch auf Navigationsverhalten, wird Web Mining genannt. Der neueste Stand der Forschung, unter anderem am Frauenhofer Institut, ist das Multimedia Mining mit dem Bilder und Filme klassifiziert und analysiert werden sollen (DÜRR (2004, S.2/3)).

1.4 Ziele, Aufgaben und Bedeutung des Data Mining

Die Ziele und Aufgaben des Data Mining lassen sich unmittelbar aus der Begriffsdefinition ableiten. Das Data Mining soll allgemein verwendbare, effiziente Methoden bereitstellen, mit denen autonom die in Unternehmensdatenbanken schlummernden Informationen gesucht, identifiziert und als Wissen extrahiert werden, damit diese schnellere und fundiertere unternehmerische Entscheidungen möglich machen. Dadurch stellen sich dann Effekte wie Steigerung der Kundenzufriedenheit, Kenntnis der Markt-Segmentierung oder Erschließung neuer Vertriebskanäle ein, welche Garanten für eine längerfristige erfolgreiche Unternehmung sein können (VAN HOANG (2004, S.4) und SCHEER (1996, S.75)).

Zur Verwirklichung der Ziele werden verschiedene Anforderungen an Data Mining-Systeme gestellt:

- In den meisten Unternehmen existieren Rechnernetzwerke mit mehreren heterogenen Datenbanken. Um diese effizient auswerten zu können, sind Data Mining-Algorithmen nötig, die entweder parallel oder auf verschiedene Rechenmaschinen verteilt arbeiten können (CHEN U. A. (1999, S.3) und NAKHAEIZADEH (2000, S.205/206)).

- Wegen der Vielzahl von eingesetzten Anwendungen in einer Unternehmung existieren ebenso viele Datentypen. Um diese analysieren zu können, müssen im Rahmen des Data Mining die verschiedenen Typen durch entsprechende Transformationen auf eine einheitliche Form gebracht werden. Dieser Prozeß geht jedoch oft mit einem Verlust von Informationen einher (HEUER U. SAAKE (2000, S.590)).

- Die sehr großen Datenmengen der heutigen Zeit erfordern effiziente Algorithmen. Algorithmen mit polynomialen oder exponentiellen Laufzeiten sind daher höchstens bei Verringerung der zu analysierenden Datenmenge einsetzbar, was jedoch einen merklichen Verlust an Informationen zur Folge hat (BISSANTZ U. HAGEDORN (1993, S.481)).

- Damit nicht beliebig vieler Muster gefunden werden, müssen dir durch die Data Mining-Algorithmen gefundenen Muster interessant sein (MÜLLER U. A. (1998, S.248-264)). Die technische Verwirklichung dieses Anspruchs ist nicht einfach und reicht von durch die fachliche Fragestellung und/oder persönliche Vorkenntnisse des Anwenders programmierte Filter bis zu Verfahren, die das Vorliegen der Eigenschaften wie Auffälligkeit, Neuigkeitswert, Abweichung vom Erwarteten beziehungsweise das Nichtvorliegen von Redundanz, Bedeutungslosigkeit, Bekanntheit, Trivialität und Irrelevanz überprüfen (LACKES U. A. (1998, S.251) und KÜPPERS (1999, S.88)).

- Die Unsicherheit, die sich aufgrund fehlerhafter oder unvollständiger Daten ergibt, soll in geeigneter Weise dargestellt werden. Vielfach werden dazu statistische Maße (zum Beispiel Vertrauensintervalle oder Fehlermaße) verwendet (HAGEDORN U. A. (1997, S.603) und BISSANTZ U. HAGEDORN (1993, S.485)).

Die Bedeutung des Data Mining läßt sich am besten anhand des Einsatzes in Unternehmen verdeutlichen. So läßt sich einer Studie der Universität Eichstätt-Ingolstadt entnehmen, daß 2002 in Deutschland fast die Hälfte der 500 größten Unternehmen Methoden aus den Bereichen Data Mining oder multivariate Statistik zur Analyse ihrer Kundendaten einsetzen. Zudem planen fast alle Unternehmen, die Data Mining-Methoden verwenden, die Nutzung weiter auszubauen. Als Grund dafür nennt die Studie, daß 87% der Unternehmen eine hohe Rentabilität ihrer Data Mining-Projekte festgestellt haben (DONATH (2002)).

Die guten Zukunftsaussichten für das Data Mining lassen sich einmal untermauern durch die Aussagen von IBM (DÜRR (2004)) beziehungsweise FRAWLEY U. A. (1991, S.1-27) oder CHAMONI U. GLUCHOWSKI (1998, S.25), die davon ausgehen, daß sich die weltweiten Informationsmengen alle 20 Monate verdoppeln und somit fortschrittliche Verfahren zur Informationsgewinnung unumgänglich sind. Weiterhin gibt das Beratungsunternehmen NH-Consult an, daß lediglich 10% aller in Unternehmen gespeicherten Datenbestände analysiert werden (NHCONSULT GMBH (2005)). Es ist somit noch viel Potential vorhanden.

Im Hinblick auf Beschleunigung von Routinetätigkeiten durch Automatisierung, Verbesserung von Leistungsangebot und -erstellung und dem Aufdecken versteckter Geschäftsmöglichkeiten ist Data Mining sicherlich eine guter Ansatz. Insbesondere bei der heutigen Informationsüberflutung ist eine Filterung der Informationen, die zum Anwender gelangen zwingend notwendig (BORK (1994)). Jedoch darf nicht übersehen werden, daß die Qualität der Ergebnisse von Data Mining-Methoden stark von der Güte der Datenstrukturierung, von dem Problem angemessenen Methoden und der Aktualität der Daten abhängen. Zudem ist ein Nutzen ist nur gegeben, wenn die Erkenntnisse, die aus dem Data Mining gezogen werden, auch umgesetzt werden. Somit sollte Data Mining keinesfalls als eine Lösung aller Probleme angesehen werden, sondern nur als einen Schritt in die richtige Richtung (LOHRE (2001, S.17/18)).

Kapitel 2

Verfahren und Umsetzungen

Der entscheidende Schritt bei der Datenanalyse mit Data Mining ist die Auswahl einer für das jeweilige Problem geeigneten Methode (MAYR (1999B, S.16)). Dabei werden teilweise auch mehrere Verfahren zum Vergleich oder kombiniert angewendet (DASTANI (2005)). Analysemethoden können in aktive und passive Verfahren unterteilt werden. Bei passiven Verfahren wird eine zu prüfende Hypothese vom Benutzer vorgegeben, während bei aktiven Verfahren Hypothesen erst datengetrieben beziehungsweise explorativ generiert werden müssen (LUSTI (1999, S.253)). Da weiterhin dem im vorangegangen Kapitel eingeschlagenen Weg gefolgt wird, in dieser Arbeit das Data Mining im engeren Sinne zu betrachten, sind nur aktive Analysemethoden einzubeziehen (KÜPPERS (1999, S.51/52)).

Eine Klassifikation der Data Mining-Methoden ergibt sich aus der Zuordnung des Data Mining zum induktiven maschinellen Lernen. Unter diesem versteht man einen automatisierten Modellbildungsprozeß, welcher das Aufdecken neuen Wissens und neuer Zusammenhänge zum Ziel hat (KRAHL U. A. (1998, S.59/60) und LOHRE (2001, S.21)). Das induktive Lernen unterscheidet zwischen Verfahren des „Überwachten Lernens" und des „Unüberwachten Lernens" (BISSANTZ U. KÜPPERS (1996, S.62)). Während unter überwachtem Lernen Verfahren verstanden werden, die Daten in vorgegebene Klassen einordnen, versuchen die Verfahren des unüberwachten Lernens interessante Strukturen selbst zu erkennen und eigenständig Klassen zu generieren. Dabei existieren zwei Sichtweisen, nämlich die Segmentierung, die Suche nach einer globalen Strukturierung mit dem Ziel einer Partitionierung in Cluster und die Assoziierung, die Suche nach Regeln und Mustern, nach vergleichbaren Datenobjekten, also Verfahren die Aussagen über die partielle Strukturiertheit der Daten machen (KRAHL U. A. (1998, S.78) und KÜPPERS (1999, S.55)).

Neben den in diesem Kapitel vorgestellten Data Mining-Verfahren, existieren noch weitere, die meistens aus den Bereichen Statistik und Künstliche Intelligenz stammen (CHAMONI (1998, S.201)). Für weitere Informationen zu diesen wird auf entsprechende Literatur verwiesen, zum Beispiel WITTEN U. FRANK (1999), ALTHOFF U. BARTSCH-SPÖRL (1996) oder NEEB (1999).

2.1 Clusteranalyse

Die Clusteranalyse gehört zu den Methoden des unüberwachten Lernens. Sie faßt Verfahren aus dem Gebiet der multivariaten Statistik zusammen, die objektiv oder automatisiert einen Datenbestand in Klassen mit Daten ähnlicher Merkmalsausprägungen einteilen. Dabei wird das „divide and conquer Prinzip" verfolgt (NEEB (1999, S.84)). Klar abzugrenzen ist dieses Verfahren von der Klassifizierung, bei welcher die Klassen vorgegeben werden, während sie bei der Clustering erst aus den Daten ermittelt werden. Konkret läßt sich die Clusteranalyse in zwei Phasen unterteilen. Deren Ausgangspunkt ist meistens eine Datenmatrix, in deren Zeilen die Beobachtungen und in deren Spalten die Variablen stehen. Auf Grundlage dieser Matrix werden die Assoziationen zwischen zwei Objekten quantifiziert, indem anhand eines Ähnlichkeitsmaßes, unter Berücksichtigung möglichst vieler Objektmerkmale, versucht wird, Cluster zu finden und eine passende Ähnlichkeitsmatrix zu berechnen (GRIMMER U. MUCHA (1998, S.111)). Dabei sollen zwischen den Clustern die Ähnlichkeiten möglichst klein und innerhalb der Cluster möglichst groß sein (HARTUNG U. A. (1984, S.1)). Darauf aufbauend werden Clusteralgorithmen zur Zuordnung neuer Objekte zu den gefunden Clustern ermittelt (DÜSING (1998, S.297)).

Die verschiedenen Clusteralgorithmen lassen sich bezüglich ihrer Vorgehensweise einteilen (BACKHAUS U. A. (1996, S.133)):

- Hierarchische Methoden existieren in divisiver und agglomerativer Ausprägung. Der divisive oder „Top-Down-" Ansatz faßt die Daten zuerst in eine große Gruppe zusammen und unterteilt dann in immer kleinere Gruppen ähnlicher Merkmale anhand des Ähnlichkeitsmaßes. Beim agglomerativen oder „Bottom-Up-" Ansatz ist das Verfahren genau umgekehrt. Die Verfahren brechen ab sobald die gewünscht Anzahl Gruppen gebildet wurde (CHAMONI, P. U. GLUCHOWSKI, P. (1998, S.306/307)).

- Partionierende Verfahren gehen dagegen von einer vorgegebenen Gruppierung der Objekte aus und tauschen dann zwischen den Gruppen so lange bis eine Zielfunktion optimal wird (CHAMONI, P. U. GLUCHOWSKI, P. (1998, S.308/309)).

- Überlappende Methoden liegen vor, wenn die Zuordnung eines Datensatzes in mehrere Gruppen möglich ist. Es wird dabei jeweils das Maß für die Zugehörigkeit berechnet. Jedoch sind zu große Überschneidungen zu vermeiden, da ansonsten eine Interpretation der Ergebnisse schwierig wird.

Praktische Relevanz besitzen derzeit jedoch nur agglomerative Ansätze, da sie leicht zu implementieren und im Vergleich zu den anderen Verfahren weniger rechenintensiv sind (KÜPPERS (1999, S.71)). Eingesetzt werden die Verfahren der Clusteranalyse zum Beispiel bei der Unterteilung des Marktes in homogene Käufergruppen, der sogenannten Marktsegmentierung (DÜSING (1998, S.297)).

2.2 Klassifizierung

Klassifizierungsverfahren versuchen ähnlich wie die Clusteranalyse Daten Klassen zuzuordnen, jedoch in vordefinierte Klassen. Somit gehört die Klassifizierung zu den Verfahren des überwachten Lernens. Die Zuordnung erfolgt mit Hilfe eines Klassifikators. Dieser wird auf Basis von bekannten Fällen durch Training erzeugt (MERTENS U. WIECZORREK (2000, S.220)). Dazu wird der Gesamtdatenbestand in eine größere Trainingsdatenbank und eine kleinere Testdatenbank aufgeteilt. Anhand der Trainingsdatenbank versucht das System ein Modell zu bestimmen, dessen Güte dann mit der Testdatenbank überprüft wird. Durch Iteration dieses Schrittes wird das Modell so gut wie möglich an die Trainingsdaten angepaßt und der Klassifizierungsfehler minimiert (LOHRE (2001, S.22)). Mit dem so entwickelten Modell können neue Objekte in die Klassen eingeordnet oder unbekannte Klassenmerkmale vorhergesagt werden (AGGARWAL U. YU (1999, S.14) und DÜRR (2004, S.4)).

Die beim Lernprozeß mit der Trainingsdatenbank eingesetzten Methoden sind vielfältig und stammen aus dem Bereich Künstliche Intelligenz oder aus den Entscheidungsbaummethoden. Ohne näher darauf einzugehen, können Nachbarschaftssuche, Diskriminanzanalyse, Regelinduktion, Entscheidungsbäume und Bayes-Klassifikation als Beispiele genannt werden (DÜRR (2004, S.5), BACKHAUS U. A. (1996, S.162/163) und NAKHAEIZADEH U. A. (1998, S.12)). In der Praxis werden Klassifizierungsverfahren hauptsächlich zu Vorhersagen angewendet. Die Spanne reicht dabei vom Versicherungswesen (Bestimmung von Schadensrisken) über Banken (Risiko bei Kreditvergabe) bis zum Marketing (Antwortraten von Direktwerbemaßnahmen) (SCHINZER U. BANGE (1998, S.54) und DÜRR (2004, S.5)).

2.3 Assoziierung

Die Assoziierungsverfahren versuchen Beziehungen zwischen Objekten, meistens in Form von „Wenn-Dann-Regeln", durch Entdecken auffälliger Attributkombinationen zu finden (AGARWAL U. SRIKANT (1994, S.13)). Da ohne Vorgabe eines Zielkriteriums gesucht werden, gehört die Assoziierung zum unüberwachten Lernen (KÜPPERS (1999, S.65)). Charakteristisch für Assoziierungsverfahren sind leichte Bedienbarkeit, gute Anschaulichkeit und geringer Implementierungsaufwand (ADRIAANS U. ZANTINGE (1997, S.63)).

Bei der Assoziierung kommen zwei grundlegende Maße zur Anwendung. Der „Träger" einer Attributmenge gibt an, wie oft die Attribute gemeinsam innerhalb des gesamten Datenbestandes vorkommen. Die sich auf Assoziationsregeln „A→B" beziehende „Konfidenz" kennzeichnet den Anteil von B, der beim Zutreffen von A ebenfalls zutrifft. Durch Vorgabe entsprechend kleiner Träger und Konfidenzen kann gesteuert werden, welche Assoziationen als interessant angesehen werden (KRAHL U. A. (1998, S.81)). Ohne entsprechende Vorgaben würden beliebig viele Assoziationen gefunden. Die Ergebnisse würden zu umfangreich und unüberschaubar werden. Den richtigen Kompromiß zu finden ist hierbei wichtig. Weiterhin liegen zur Bewertung der gefundenen Assoziationsregeln Kriterien vor. Zum Test, wie gut die Regel stimmt, wird die „Präzision" verwendet, die den Anteil aller Objekte mit den Merkmalen A und B an allen Objekten mit nur A angibt. Auf welchen Teil der Gesamtdaten sich die Regel stützen kann wird mit Hilfe der Ausbeute, dem Anteil aller Objekte mit den Merkmalen A und B an allen Objekten, bestimmt (DEVENTER U. VAN HOOF (1998, S.345)).

Von hoher praktischer Relevanz bei Assoziierungsverfahren ist die Warenkorbanalyse mit Hilfe derer Geschäfte herausfinden wollen, welche Produktkombinationen gekauft werden. Anhand dieser Informationen können dann fundiertere Entscheidungen bezüglich der Sortimentspolitik oder der Anordnung der Waren im Laden getroffen werden (BISSANTZ (1996, S.29) und AGGARWAL U. YU (1999, S.14/15)).

2.4 Neuronale Netze, Fuzzy Theorie und Genetische Algorithmen

2.4.1 Neuronale Netze

Betrachtet man ein menschliches Gehirn, so ist es heutigen Rechnern bei algorithmischen Problemen deutlich unterlegen. Umgekehrt ist es bei heuristischen Problemen. Entscheidend für diese Überlegenheit ist die Vernetzung der Neuronen. Neuronale Netze (NN) verbinden diesen Vorteil mit der hohen Geschwindigkeit digitaler Systeme (VAN HOANG (2004, S.10)).

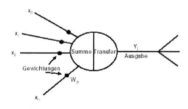

Abbildung 2.1: Schema eines Neurons (BRAUSE (1995, S.107))

Analog zum biologischen Vorbild ist die kleinste Lerneinheit eines NN ein Neuron, welches eine Verarbeitungseinheit ist, die dem Eingabe-Verarbeitung-Ausgabe-Prozeßschema folgt (KRATZER (1993, S.27)). Nachdem ein Neuron eine, durch Gewichte in seiner Intensität bestimmte, Eingabe erhalten hat, modifiziert es diese durch eine Transferfunktion und leitet es dann an seinen Ausgang weiter. Schematisch ist dies in Abbildung 2.1 dargestellt (BRAUSE (1995, S.107)).

Angeordnet sind die Neuronen in Schichten, wobei jedes Neuron nur mit allen Neuron seiner beiden benachbarten Schichten verbunden ist. Die Schicht der Eingabeneuronen nimmt Daten über eine Eingangsleitung auf, während die Schicht der Ausgabeneuronen die erarbeiteten Informationen über eine Ausgangsleitung wieder an die Außenwelt abgibt. Dazwischen liegen mehrere versteckte Schichten, die keine Verbindung zur Außenwelt haben, wie auch Abbildung 2.2 zu entnehmen ist (KLEIN U. SCHMIDT (1995, S.43) und KRAUSE (1993, S.45)). Bei Feed-

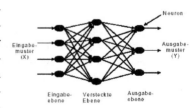

Abbildung 2.2: Grundstruktur eines NN (LOHRE (2001, S.46))

Forward-Netzen können die Schichten nur in Richtung von der Eingabe- zur Ausgabeschicht durchlaufen werden. Bei Feed-Backward-Netzen können Informationen auch an vorangegangene Schichten zurückgegeben werden (WEISS U. INDURKHYA (1998, S.126)). NN lassen sich je nach konkreter Realisierung dem überwachten beziehungsweise unüberwachten Lernen zuordnen. Überwachtes Lernen liegt vor, wenn für die Trainingsphase Eingabe- und Ausgabemuster vorgegeben werden. Durch die Differenz zwischen gewünschter und erhaltener Ausgabe wird ein Fehlersignal erzeugt. Daraus läßt sich eine Lernregel bestimmen, welche zum Beispiel die Gewichte derart modifiziert, daß Fehler vermieden werden. Dieses Lernregel wird in Feed-Forward-Netzen am häufigsten verwendet (KRAHL U. A. (1998, S.67)). Weitere Lernregeln können URBAN (1998, S.72-75) entnommen werden. Beim unüberwachten Lernen dagegen soll das NN selbständig Klassifikationsmuster für die Eingangsmuster durch Ähnlichkeitsvergleich finden und die Gewichte danach ausrichten. Die Neuronen werden hier zu Musterdetektoren (ZIMMERMANN (1995, S.48/49)).

Während vor zehn Jahren NN in der Praxis relativ selten angewendet wurden (SCHMIDT-VON RHEIN U. REHKUGLER (1994, S.502)), hat sich dieses Verfahren inzwischen als eine der meistgenutzten Data Mining-Techniken etabliert (VAN HOANG (2004, S.11)). So sind NN überlegen bei der Verarbeitung von lückenhaften oder widersprüchlichen Daten erfolgreich, können nichtlineare Zusammenhänge abbilden und bieten umfangreiche Analysemöglichkeiten (zum Beispiel Mustererkennung, Ähnlichkeitsanalyse, Klassifikation, u.v.m.) (KÜPPERS (1999, S.55)). Zudem ermöglicht die verteilte Speicherung des Wissens im NN eine parallele Verarbeitung und erhöht die Fehlertoleranz, so daß sogar stark verrauschte Inputsignale verarbeitet werden können (VAN HOANG (2004, S.11/12)). Ein weiterer Vorteil ist die gute Anpassungsfähigkeit von NN an die Umwelt (HEUER (1997, S.7)).

Nicht verschwiegen werden soll, daß diese große Flexibilität mit sehr aufwendigen und komplizierten Trainingsvorgängen bezahlt wird. Die optimale Konfiguration läßt sich meist nur durch Ausprobieren ermitteln, so daß der Zeitbedarf unbefriedigender Weise nur schwer abschätzbar ist. Zudem sind für den Anwender, wegen der mangelnden Transparenz, Fehler und deren Quellen schwer zu erkennen und die Nachvollziehbarkeit der Ergebnisse und damit die Akzeptanz für den Benutzer verringern sich (VAN HOANG (2004, S.11/12)).

2.4.2   Fuzzy Theorie

Die von ZADEH (1965, S.338-352) eingeführte Fuzzy Theorie besagt, daß die reale Welt weitgehend „fuzzy" ist, das heißt die meisten Begriffe, die verwendet werden sind unscharf (vgl. auch BÖHME (1993, S.1)). Sie wird auch als die Theorie unscharfer Mengen bezeichnet, wodurch ihre Rolle als Verallgemeinerung der klassischen Mengenlehre deutlich wird. Die sonst in der Rechnerwelt vorherrschende strikte Beschränkung auf einen ja- oder nein-Zustand wird in einen graduellen Zugehörigkeitsbegriff umgewandelt (ZIMMERMANN (1995, S.17)). Für jedes Element wird über eine Zugehörigkeitsfunktion angegeben, zu welchem Grad es zu einer Menge gehört (LUDWIG (2000, S.29)).

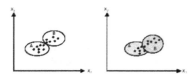

Abbildung 2.3: Vergleich zwischen klassischer und Fuzzy-Clusteranalyse (BISSANTZ (1996, S.56))

Als eigenständige Methode hat sich die Fuzzy Theorie noch nicht etabliert. Sie wird lediglich zur Erweiterung anderer Methoden verwendet. Zurückzuführen ist dieses vermutlich auf die Fuzzy Systemen fehlende Lern- und Anpassungsfähigkeit an veränderte Umweltbedingungen. Im Rahmen der hier vorgestellten Data Mining-Verfahren wird die Fuzzy Theorie hauptsächlich in der Clusteranalyse und bei NN angewendet. Bei der Fuzzy-Clusteranalyse wird die scharfe Zuordnung eines Objektes zu einem Cluster aufgehoben und durch eine Zugehörigkeitsfunktion ersetzt. Die Cluster werden, wie in Abbildung 2.3 gezeigt, von klar abgegrenzten Gruppen zu verschmolzenen Gebilden mit unscharfen Grenzen (KRAHL U. A. (1998, S.93)). Bei NN werden entweder Struktur und Gewichtungen des NN oder die Transferfunktionen der Neuronen mit Fuzzy-Algorithmen modifiziert. Da man sich durch den Einsatz der Fuzzy Theorie besser trainierte und verständlichere NN erhofft, steigt das Interesse an diesen Systemen in letzter Zeit stark an (RUHLAND U. WITTMANN (1998, S.594) und ZIMMERMANN (1995, S.73-77)).

2.4.3 Genetische Algorithmen

Genetischen Algorithmen sind den Evolutionsgesetzen von Darwin und Mendel nachempfunden, dem sogenannten „survival of the fittest": Um eine den dauernden Umweltveränderungen unterworfene Population am Leben zu erhalten, bleiben die Angepaßtesten am Leben und sterben die Unangepaßten (DEVENTER U. VAN HOOF (1998, S.340)).

Beim algorithmischen Verfahren wird eine zufällig erzeugte Lösungsmenge als Ausgangspopulation verwendet. Die Qualität dieser Lösungen wird nun sukzessive verbessert, indem im Rahmen einer Selektion nur die besten Lösungen der alten in die neue Generation übernommen werden (WIEDMANN U. A. (2000, S.61)). Mit sogenannten Fitness-Funktionen wird dabei die Qualität einer Lösungen bewertet (DEVENTER U. VAN HOOF (1998, S.345/346)).

Neben der Beibehaltung einer Lösung werden neue Lösungen einer Generation durch Kreuzung oder Mutation gebildet. Bei der Kreuzung werden zwei Lösungen der vorigen Generation zu einer neuen vereinigt und die durch Selektion ausgewählten besten Kombinationen dann in die Folgegeneration übernommen (NEEB (1999, S.127)). Die zufälligen Änderungen durch die Mutation stellen sicher, daß das Auffinden einer optimalen Lösung nicht von der vorgegebenen Anfangspopulation abhängig ist (sog. „Inzucht-Gefahr") (KRAHL U. A. (1998, S.93)).

Im Vergleich zu herkömmlichen Verfahren sind genetische Algorithmen immer dann überlegen, wenn kein Hintergrundwissen eingebunden werden kann (KÜPPERS (1999, S.76)). Das bekannteste Anwendungsbeispiel genetischer Algorithmen ist das „Traveling Salesman Problem", bei dem die kürzeste Verbindung zwischen mehreren Orten gesucht wird, wobei jeder Ort nur einmal angefahren werden soll.

Kapitel 3

Analyseprozeß in der Praxis

3.1 CRISP-DM Modell

In der Praxis existieren viele verschiedene Prozeßmodelle für das Data Mining. Mit dem CRoss Industry Standard Process for Data Mining, kurz CRISP-DM, wurde 1997 das bislang einzige standardisierte Prozeßmodell geschaffen, dessen Schwerpunkt weniger auf technischen, als vielmehr auf wirtschaftlichen Gesichtspunkten liegt. Entstanden ist es als Projekt eines europäisches Industrie Konsortiums, dem der DaimlerCrysler Konzern (damals DaimlerBenz), die OHRA Versicherungen und Bank Gruppe, die NCR Dänemark und die englische Integral Solutions Limited (inzwischen SPSS Inc.) angehören (WEISSENBORN (2004, S.10)).

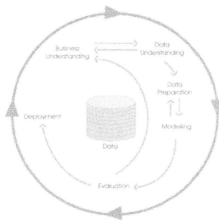

Das Endprodukt des Projektes ist ein Report, der das CRISP-DM Konzept, das Prozeßmodell und die Benutzergebrauchsanweisung inklusive Hilfe beinhaltet. Heutzutage sind bereits über 200 Unternehmen weltweit Mitglied der CRISP Special Interest Group, welche organisiert wurde, um das CRISP-DM Konzept zu verbreiten (WEISSENBORN (2004, S.10)). Als Grund dafür kann sicher die Vorteilhaftigkeit des CRISP-DM Ansatzes gesehen werden, welcher Data Mining als Prozeß versteht und somit einen besseren Anschluß der Data Mining-Ergebnisse an Geschäftsprobleme und höhere Zuverlässigkeit durch bessere Vorhersehbarkeit gewährleistet. Wie auch Abbildung 3.1 zu entnehmen ist,

Abbildung 3.1: Die Phasen des CRISP-DM Prozeßmodells (HAGEN (2004, S.3))

gibt es folgende Phasen im CRISP-DM Modell (CRISP-DM CONSORTIUM (2005)):

- Im Rahmen der „Business Understanding" genannten Anfangsphase wird das Projektziel aus der Anwenderperspektive formuliert. Zudem werden die Erwartungen, verfügbaren

Ressourcen und Restriktionen in eine Data Mining-Problemdefinition und Data Mining-Erfolgskriterien konvertiert.

- Die Phase „Data Understanding" dient dem Entdecken von Problemen der Datenqualität, wie Veraltung oder Ungültigkeit, und der Analyse der Daten in Bezug auf Nützlichkeit und Verfügbarkeit für die jeweilige Problemstellung.

- Die Aktivitäten zur Konstruktion der endgültigen Analysedaten, wie die Datenselektion, -bereinigung, -formatierung und -zusammenführung werden im Rahmen der „Data Preparation-Phase" durchgeführt.

- Die „Modelling-Phase" dient der Auswahl und Anwendung der Parameter und Modellverfahren. Da Data Mining-Techniken oft verschiedene Voraussetzungen haben, kann eine Rückkehr zur Data Preparation notwendig werden.

- Eine Überprüfung des in der vorangegangenen Phase erstellten Datenmodells wird in der „Evaluationsphase" in Hinblick auf fachliche Plausibilität und Relevanz der Lösung für das entsprechende Geschäftsproblem durchgeführt. Weiterhin wird das Modell praktisch getestet.

- Im Verlauf der letzten, „Deployment" genannten, Phase wird das Modell endgültig für Fragestellungen der betrieblichen Praxis ausgewertet und zur Präsentation gegenüber Endanwendern vorbereitet.

Zu beachten ist, daß der Aufwand für die Phasen nicht gleich ist. Obwohl die eigentliche Data Mining-Phase die Modelling-Phase ist, wird geschätzt, daß bis zu 80% der Zeit eines Data Mining-Projektes mit den vorausgehenden Vorbereitungsphasen benötigt wird (FELDKIRCHER (2004, S.2)). Ebenso ist der Ablauf der Phasen nicht starr linear, sondern dynamisch. Der Benutzer des Data Mining-Verfahrens entscheidet, um ein Rücksprung zu vorherigen Phasen notwendig ist.

3.2 Data Mining in Datenbank Management Systemen

In der Anfangszeit der Data Mining-Verfahren mußten die Daten erst aus einer Datenbank extrahiert und anschließend wieder zurückgespeichert werden. Durch Verlagerung der Data Mining-Funktionalität direkt in die Datenbanken kann dieser kostenspielige und zeitaufwendige Prozeß vermieden werden (IBM DEUTSCHLAND GMBH (2005)). Gleichzeitig stellen sich noch weitere Vorteile ein: Die Anzahl von Redundanzen wird verringert, die Datenintegrität bleibt besser erhalten, es werden keine zusätzlichen Ressourcen für Speicherung und Verarbeitung benötigt und die Entwicklungs- und Einsatzkosten sind durch die Verwendung von Standardtools geringer.

Durch die eindeutige Vorteilhaftigkeit dieses Ansatzes gehen immer mehr Firmen zu diesem sogenannten „in place mining" über. Zusätzlich unterstützt wird dieses durch das Vorliegen von geeigneter Software und der Festlegung von Standards wie SQL/MM oder PMML. So existiert von der Firma Oracle das Oracle Data Mining als Zusatzoption zur Oracle Database 10g Enterprise Edition mit Verfahren zur Klassifizierung, Regression, Clusteranalyse, Assoziierung, Sequenzanalyse und zum Text Mining (ORACLE (2005)). IBM bietet den DB2 Intelligent Mining als Erweiterung der IBM DB2 Universal Database, welcher Klassifizierung, Clustering, Assoziierung, Sequenzanalyse und Neuronal- beziehungsweise Radialbasis-Funktionsvorhersage bietet (IBM DEUTSCHLAND GMBH (2005)). Auch im Microsoft SQL Server sind einfache Data Mining-Tools für Entscheidungsbäume und Clusteranalyse integriert (DE VILLE (2001)).

Trotz der großen Funktionalität dieser Softwarepakete sollte nicht vergessen werden, daß ein Mindestmaß an Kenntnissen über Datenbanken immer notwendig bleibt.

3.3 SQL/MM

Die SQL Multimedia und Application Packages (SQL/MM) sind ein eigenständiger, von der International Standard Organization (ISO) und der International Electrotechnical Commission festgelegter Standard der Datenbank-Abfrage- und -Berichtssprache Structured Query Language (SQL) (INTERNATIONAL ORGANIZATION FOR STANDARDIZIATION (ISO)). SQL ist als portable, terminalunabhängige und einzige standardisierte Datenbanksprache in vielen Softwareprodukten eingebettet und weit verbreitet.

SQL/MM besteht aus fünf Komponenten: Framework, Full-Text, Spatial, Still Image und Data Mining. Mit der letzten Komponente wird eine SQL-Schnittstelle zur Verfügung gestellt, welche Data Mining als Teil von SQL-Abfragen ermöglicht. Bei der Definition der Schnittstelle werden vier Data Mining-Techniken berücksichtigt: die Assoziierung, das Clustering beziehungsweise die Segmentierung, die Klassifizierung und die Regression (HAGEN (2004, S.4)).

Die drei Phasen des implementierten Prozeßmodells entsprechen im wesentlichen den Phasen „Modelling" und „Deployment" des CRISP-DM-Modells. So soll im Rahmen der Trainingsphase ein geeignetes Modell anhand einer Trainingsdatenmenge generiert werden. Eine Bewertung der Modellqualität mit Hilfe einer Testdatenmenge mit bereits bekannten Parametern wird in der Testphase durchgeführt. In der Anwendungsphase wird das gefundene Modell auf die zu untersuchende Datenmenge angewendet (HAGEN (2004, S.4)).

3.4 SAS

SAS ist ein Produkt des gleichnamigen Unternehmens, welches hauptsächlich der statistischen Datenanalyse dient. Dem IDC-Report „Worldwide Business Intelligence Forecast and Analysis, 2003-2007" läßt sich entnehmen, daß SAS eines der führenden Unternehmen auf dem Business Intelligence Markt und beim Data Mining mit 36% Marktanteil sogar Marktführer ist (SAS INSTITUTE INC. PRESSEINFORMATION (2003)).

SAS liegt derzeit in Version 9 vor und bietet eine integrierte, offene, plattformunabhängige und erweiterbare Architektur, welche diverse Standards wie OLE DB für OLAP, .Net, Java, HTTP/HTTPS und J2EE unterstützt (SAS INSTITUTE INC. (2005A)). Der Einsatz von SAS ist dabei vielfältig. So werden Lösungen für fast alle Branchen (Banken, Dienstleistungsbranche, Energieversorger, Handel, Industrie, Medien, Pharmaindustrie, Telekommunikationsbranche, Versicherungen, öffentliche Verwaltung, Polizei und Krankenkassen) und Bereiche (Marketing, Vertrieb, Einkauf und Beschaffung, Produktion, Logistik, Finanz-, Risiko-, Personalmanagement, Unternehmenssteuerung und IT Management) (SAS INSTITUTE INC. (2005D)).

Als Erweiterung des SAS Data Warehouse (SAS INSTITUTE INC. (2005B)) mit direktem Zugriff auf die Daten wird der SAS Enterprise Miner angeboten. Der SAS Enterprise Miner führt alle Methoden und Elemente des von SAS definierten Prozeßmodells „SEMMA" in einer homogenen graphischen Arbeitsoberfläche zusammen. SEMMA umfaßt die Teilschritte „Sample", das Durchführen repräsentativer Stichproben, „Explore", die Suche nach Datenmustern, „Modify", die Modifikation und Transformation der Daten, um beispielsweise Ausreißer zu finden, „Model", die konkrete Modellbildung und den „Assess" genannten Auswertungsschritt. Der SAS Enterprise Miner bietet vollautomatisierte und vordefinierte Verfahren für Cluster-, Assoziations-, Regressionsanalyse, Entscheidungsbäume und NN, die der Endanwender nur an seine speziellen Fragestellungen anpassen muß. Zu den potentielle Möglichkeiten seiner Software zählt SAS Zielgruppen-Marketing, Database Marketing, Bonitätsprüfung beispielsweise bei Kreditvergabeentscheidungen, Stornovorhersagen, Versicherungsbetrugserkennung, Responseoptimierung beispielsweise bei Direktmarketing-Maßnahmen, Warenkorbanalysen, Web Mining sowie Medien-, Kundenzufriedenheits-, Absatz- und Preisanalysen (SAS INSTITUTE INC. (2003), SAS INSTITUTE INC. (2002) und SAS INSTITUTE INC. (2005C)).

Der Erfolg von SAS läßt sich an konkreten Beispielen aus der Unternehmenswelt belegen. So brachte eine Responseoptimierung bei der Deutschen Bank 24 eine Verbesserung der Antwortrate um 100% und eine Verringerung der Kosten pro Kunden um ein Drittel. Die Hamburg Mannheimer erzielte eine Verdreifachung der Abschlußquote für Rentenversicherungsverträge durch Einsatz von SAS-Data Mining-Techniken, im Vergleich zu einer Kontrollgruppe, welche derartige Verfahren nicht eingesetzt hatte (SAS INSTITUTE INC. (2003)). Ganz allgemein wird im METAspectrum-Report der SAS Enterprise Miner als das in Bezug auf Leistung und Marktpräsenz führende Data Mining-Instrument angesehen (SAS INSTITUTE INC. PRESSEINFORMATION (2004)).

3.5 SPSS

Ebenso wie SAS ist SPSS ein Softwareprodukt zur statistischen Datenanalyse. In Hinblick auf die Einsatzmöglichkeiten von SPSS für unterschiedliche Branchen und Bereiche ist es ähnlich flexibel wie SAS (SPSS INCORPORATED (2005B)).

Das konkrete Data Mining-Produkt heißt bei SPSS „Clementine". Auch hier wird der gesamte Analyseprozeß durch eine graphische Programmieroberfläche dargestellt. Clementine unterstützt den gesamten Data Mining-Prozeß vom Datenzugriff, der Datenaufbereitung und Modellbildung bis hin zur Modellanwendung. Es sind Methoden zu Entscheidungsbäumen, NN, Clustering, (Sequenz-)Assoziierung sowie für Faktoren- und Regressionsanalysen in Clementine enthalten (SPSS INCORPORATED (2005A)).

Neben dem konkreten Data Mining-Produkt Clementine existieren noch weitere Produkte, wie „LexiQuest" für Text Mining oder „NetGenesis" für Web Mining (SPSS INCORPORATED (2005B)).

Als Prozeßmodell wurde ursprünglich das SPSS-Prozeßmodell, die sogenannten fünf A's verwendet: „Assess, Access, Analyze, Act, Automate" (WEISSENBORN (2004, S.22)). Inzwischen hält sich SPSS jedoch als Mitglied des CRISP-DM Konsortiums an den CRISP-DM Standard.

Auf die Vorstellung konkreter Anwendungsbeispiele für SPSS wird an dieser Stelle verzichtet, da im nächsten Kapitel mehrere mit SPSS realisierte Projekte vorgestellt werden, welche detailiiert bei VON DER LÜHE (2004), SAILER (2004), SPSS INCORPORATED (2004) und FELDKIRCHER (2004) nachgelesen werden können. Weitere Anwendungsbeispiele lassen sich der SPSS-Webseite (SPSS INCORPORATED (2005C)) entnehmen.

Kapitel 4

Wirtschaftliche Anwendungsmöglichkeiten

4.1 Überblick

Der Einsatz von Data Mining-Verfahren ist nahezu unbegrenzt. Wie schon den Ausführungen über das Softwarepaket SAS im letzten Kapitel entnommen werden konnte, stehen Lösungen für fast alle Branchen und Bereiche zur Verfügung, wobei auch keine Beschränkung auf wirtschaftliche Bereiche besteht (SAS INSTITUTE INC. (2005D) und ARNBORG U. A. (2002)). Am weitesten verbreitet sind Anwendungen für Risikomanagement, Marketing, Warenkorbanalysen und das Management von Kundenbeziehungen (Customer Relationship Management) (DÜRR (2004, S.6)). In Zukunft werden voraussichtlich durch das Text Mining und Web Mining noch weitere Gebiete erschlossen werden können.

Eine umfassende Darstellung der Anwendungsmöglichkeiten ist daher kaum möglich. Nachfolgend werden einige Bereiche beziehungsweise Branchen exemplarisch aufgegriffen und näher beschrieben.

4.2 Marketing

Für das Marketing lassen sich vier Schwerpunktgebiete identifizieren bei denen Data Mining-Methoden eingesetzt werden können: Segmentierung, Preispolitik, Database Marketing und Warenkorbanalyse. Allen gemeinsam ist das grundlegende Ziel, herauszufinden, welche Kunden man mit welchen Produkten gezielt bewerben kann. Damit hat man eine fundierte Basis für Direktmarketing-Maßnahmen, welche zu einem langfristigen interaktiven Dialog mit Kunden führen sollen (HULDI (1997, S.27) und GOTTSCHLING U. RECHENAUER (1994, S.16)). Durch das steigende Interesse an kundenindividuellem Marketing gewinnt die Segmentierung, daß heißt die Aufteilung des heterogenen Gesamtmarktes in homogene Teilmärkte bezüglich ihres Konsumverhaltens, zunehmend an Bedeutung (KOTLER U. BLIEMEL (2001, S.424/425), LOHRE (2001, S.55) und SCHOBER (1997, S.19)). Auf die zur Verfügung stehenden soziodemographischen, Kaufverhaltens- oder psychographische Daten werden vor allem Clusteranalysen, Entscheidungsbaumalgorithmen oder Entscheidungsregeln zur Segmentierung angewendet (HAMMANN U. ERICHSON (2000, S.294) und LOHRE (2001, S.56)). Im Idealfall können die entstehenden Marktsegmente mit einem abgestimmten Produktangebot bedient werden. Derzeit sind die durch eine Data Mining-Segmentierung gefundenen Segmente meistens zu groß und heterogen, um eine kundenindividuelle Ansprache zu ermöglichen. Jedoch wird dem Data Mining in diesem Gebiet noch ein hohes Potential zugetraut (KÜPPERS (1999, S.127)).

Bezüglich des recht schwierigen Problemkomplexes der Preisfindung können ebenfalls Data Mining-Methoden eingesetzt werden. Neben aus unternehmerischen Zielen abgeleiteten Preisen (zum Beispiel zur Marktabschöpfung oder kurzfristigen Gewinn- beziehungsweise Umsatzmaximierung) lassen sich Preise nachfrage-, kosten- oder konkurrenzorientiert bestimmen. Data Mining-Verfahren kön-

Abbildung 4.1: Einsatzmöglichkeiten von Data Mining im Marketing (LOHRE (2001, S.22))

nen diesen Prozeß unterstützen durch Modellierung der realen Nachfragefunktion (KÜPPERS (1999, S.130)), Vorhersage zukünftiger Marktpreise (LOHRE (2001, S.57/58)) oder Aufspüren von Preisinkonsistenzen zwischen individuell erstellten Einzelangeboten (BUTTERWEGGE (1999, S.31)).

Sehr wichtig für das Direktmarketing ist die Analyse der vorliegenden Kundendatenbank. Meistens werden im Rahmen des Database Marketings Kunden mit Hilfe von Data Mining-Methoden ausgewählt, um eine maximale Antwortrate (Response Optimierung) bei Marketingmaßnahmen zu erzielen. Damit können die Kosten der Werbemaßnahmen deutlich gesenkt werden (TRAUTZSCH (2000, S.113)). Nicht unterschätzt werden sollte hierbei jedoch, daß ohne neue, attraktive Angebote keine signifikante Wirkung erzielt werden kann (GRABER (2000, S.78)). Neben der Response Optimierung unterstützen Data Mining-Methoden auch die systematische Neukundengewinnung, die Verhinderung von Abwanderung und den Ausschluß inaktiver Kunden (LOHRE (2001, S.60-62)).

Auf den vierten Aspekt, die Warenkorbanalyse wird an dieser Stelle nicht weiter eingegangen, sondern auf den Abschnitt 4.4 verwiesen, welcher dieses schwerpunktmäßig im Handel eingesetzte Verfahren vorstellt. Ein Überblick über die vier Schwerpunkte läßt sich Abbildung 4.1 entnehmen.

Die Wirkung von Data Mining-Maßnahmen beim Marketing soll exemplarisch an zwei Beispielen verdeutlicht werden. So erreichte das Marketing-Beratungsunternehmen OgilvyOne bei einer Untersuchung im Auftrag der Unicef zur Optimierung des Emailrücklaufes eine um 80% höhere Antwortrate und einen um 65% höheren Return of Investment. Verglichen wurde dabei das bisherige Modell der Unicef, welches auf den drei Merkmalen letzte Spende,

Spendenhöhe und Spendenanzahl aufbaute mit einem aus dem Datenbestand der letzten fünf Jahre gewonnenen Data Mining-Modell (VON DER LÜHE (2004)). Auch die Raiffeisenlandesbank Niederösterreich-Wien AG berichtet nach Anwendung von Data Mining-Technik zur Ansprache von Kunden bei Wertpapier und Fondskäufen von 65% höheren Verkaufszahlen für Wertpapiere und einer 42%igen Steigerung für Fonds (SAILER (2004, S.3)).

4.3 Bankenwesen

Data Mining-Methoden werden in Banken hauptsächlich zur Risikoanalyse eingesetzt. Sowohl bei der Vergabe von Krediten, als auch bei Versicherungsabschlüssen ist man bestrebt das Risiko zu minimieren. Mit Data Mining ist es möglich die bestehenden Kundendatenbestände in Bezug auf Kunden mit niedrigem oder hohen Schadensaufkommen beziehungsweise auf das Rückzahlverhalten bei Krediten zu analysieren und über ein Klassifizierungsverfahren Rückschlüsse auf potentielle neue Kunden zu ziehen. Auf ähnliche Weise können auch Verfahren zum Aufdecken von Kreditkarten- oder Versicherungsbetrug realisiert werden (DÜRR (2004, S.8)).

Die niederländische Bank AMR hat im Rahmen einer Fallstudie zum Einsatz von Entscheidungsbaumalgorithmen zur Evaluierung von Darlehen im Vergleich zum klassischen statistischen Verfahren eine eindeutige Verbesserung in Bezug auf Verständlichkeit und Vorhersageverhalten von Kreditausfällen festgestellt (FEELDERS U. VERKOOIJEN (1995)). Zusammen mit den bereits im letzten Kapitel vorgestellten SAS-Data Mining-Realisierungen der Deutschen Bank 24 und Hamburg Mannheimer läßt sich sagen, daß Data Mining in diesem Bereich eine äußerst erfolgreiche Methode ist.

4.4 Handel

Im Bereich des Handels werden schwerpunktmäßig Warenkorbanalysen durchgeführt, um das Kaufverhalten der Kunden zu ermitteln (DÜRR (2004, S.3-8)). Relevant ist dabei meistens die Kombinationen gekaufter Produkte zu ermitteln, um dann fundiertere Entscheidungen bezüglich der Verkaufsraumgestaltung, der Wirkung von Werbekampagnen, der Angebots- oder Bestellmengenplanung zu ziehen (GROB U. BENSBERG (1999) und PETRAK (1997, S.2)). Daneben wird auch die Disposition erleichtert, sofern bei der Warenkorbanalyse mit gewissen Kernartikeln assoziierte Artikel ermittelt wurden. Aus dem Absatz der Kernartikel kann dann auf den Absatz der assoziierten Artikel geschlossen werden (LACKES U. A. (1998, S.253))

Erst möglich geworden ist die Warenkorbanalyse durch die elektronische Erfassung einzelner Transaktionsbündel mit den heutigen Scannerkassen. Wie enorm die dabei mittlerweile anfallende Datenmenge ist, läßt sich am Beispiel der US-amerikanischen Einzelhandelskette Wal-Mart abschätzen, bei denen täglich 20 Millionen Transaktionen zur Speicherung in einer zentralen Datenbank anfallen (BABOCK (1994)).

Ein entscheidendes Problem der herkömmlichen Warenkorbanalyse ist, daß nur Abhängigkeiten zu einem bestimmten Zeitpunkt erfaßt werden. Durch Erfassung über mehrere Zeitpunkte hinweg könnte im Rahmen einer Sequenzanalyse das Kaufverhalten auch in Bezug auf die zeitlichen Distanzen zwischen den Einkäufen analysiert werden (DÜRR (2004, S.3)). Dank der heutzutage weit verbreiteten Kunden- oder Payback-Karten ist dieses eigentlich schwierige Problem inzwischen teilweise gelöst worden (GROB U. BENSBERG (1999)).

4.5 Verbrechensbekämpfung

Als Beispiel für ein nicht direkt wirtschaftlich motiviertes Anwendungsgebiet des Data Mining läßt sich die Kriminalistik anführen.

So läßt sich beispielsweise die Clusteranalyse zur Aufklärung ungelöster Kriminalfälle einsetzen. Aus bereits bekannten Täterbeschreibungen beziehungsweise bekanntem Täterverhalten lassen sich Cluster ableiten. Durch Tests, ob sich ein ähnliches Verhalten bei Tätergruppen mit ähnlichen physischen Eigenschaften finden läßt, kann der Kreis der Verdächtigen genauer eingegrenzt werden (SPSS INCORPORATED (2004)).

Die Financial Crimes Enforcement Network (FINCEN) genannte Agentur des US-amerikanischen Finanzministeriums verwendet Data Mining-Methoden, um Geldwäsche aufzudecken. Da in der USA Bargeldtransaktionen über 10.000US$ meldepflichtig sind und in einer zentralen Datenbank gespeichert werden, steht eine brauchbare Datenbasis zur Verfügung. Durch Analyse dieser Daten mit einem expertenbasiertem Regelsystem werden verdächtige Konten, Personen und Transaktionen gesucht. Diese werden dem Programmbenutzer mitgeteilt, damit weitere Schritte eingeleitet werden können. In den ersten vier Jahren seiner Laufzeit hat dieses Projekt mehr als eine Milliarde US$ an verdächtigen Geldern aufdecken können (SENATOR U. A. (1995)).

Sogar die US-amerikanischen Geheimdienste, wie FBI oder CIA, verwenden Text Mining-Verfahren, um Geheimdienstinformationen auszuwerten (DÜRR (2004, S.8)).

4.6 Suchmaschinen

Die Verwendung von Data Mining-Methoden zur Inhaltsbewertung von Webseiten ist noch ein relativ neues Gebiet. Erstmals wurde die Anwendung 1998 von den Google-Gründern beschrieben (BRIN U. PAGE (1998)). Suchmaschinen sammeln ihre Daten mit spezieller Software (sogenannten Robots) im gesamten Internet, durch das sie sich mit Hilfe der Hyperlinks bewegen (@-WEB (2005A)). Ähnlich zur Warenkorbanalyse wird versucht über Assoziationsregeln aus den auf einer Webseite vorkommenden Wörtern Aussagen über die Webseite zu erhalten. Jedoch ist es wegen der enorm hohen Anzahl Wörter schwierig aussagekräftige Verknüpfungsregeln für gemeinsam vorkommende Wörter zu finden (ARMBRUSTER (2004, S.3/4)).

Die gebräuchlichsten Algorithmen für Webseiten sind Ranking, LinkPopularity und Page-Rank. Während beim Ranking der Seitentext bezüglich Anzahl, relativer Häufigkeit und Seitenposition bewertet wird (CERTO IT SOLUTIONS & TRAINING GMBH (2005B)), ist bei der LinkPopularity die Anzahl externer Links, teilweise gewichtet mit der Relevanz der referenzierenden Seite, der Bewertungsmaßstab (CERTO IT SOLUTIONS & TRAINING GMBH (2005A)). Das insbesondere von der sehr bekannten Suchmaschine Google benutzte PageRank versucht eine Bewertung nach allen Links, die auf eine Seite zeigen. Dabei fließen im Gegensatz zur LinkPopularity neben externen auch interne Links ein. Zudem werden Links von Seiten mit wenigen Links höher bewertet, um Sitemaps beziehungsweise Linkfarmen nutzlos zu machen (@-WEB (2005B)).

Ein Problem der Verfahren ist die Anfälligkeit gegen Spammingtechniken, wie dem zu häufigen Einsatz von Schlüsselbegriffen, falschen oder sich wiederholenden Meta- oder Title-Tags, hochoptimierten, aber für den Anwender nutzlosen, Doorwaypages, die sich in Suchmaschinen plazieren sollen sowie der Darstellung von zwischen Suchmaschine und Surfer divergierenden Inhalten durch Cloaking Verfahren mit CGI, Javascript, PHP oder ähnlichen Techniken. Zur Bekämpfung dieser Spammingtechniken durch Spamfilter werden ebenfalls Data Mining-Techniken eingesetzt. Gerade in diesem schwierigem und dauerhaften Wettstreit sind fortschrittliche Verfahren wie das Data Mining zwingend notwendig, um führend zu bleiben (CERTO IT SOLUTIONS & TRAINING GMBH (2005C)).

Kapitel 5

Probleme

5.1 Datenproblematik

Da Data Mining von einem zu analysierenden Datenbestand ausgeht, ist die Datenqualität der wichtigste Faktor für die Relevanz eines Data Mining-Ergebnisses (HULDI (2000, S.85) und KEMPER U. FINGER (1998, S.62/63)). Das sogenannte GIGO-Prinzip (Garbage In - Garbage Out) besagt, daß eine Analyse nur so gute Ergebnisse liefert, wie die verwendeten Daten inhaltlich konsistent und korrekt sind. Eine zuverlässige und robuste Datenquelle ist daher notwendig, was jedoch einige Probleme aufwirft (KRAHL U. A. (1998, S.52)).

Ein häufiges Problem von Datenbanken ist, daß sie nicht zum Zwecke der Analyse, sondern aus organisatorischen Gründen eingerichtet wurden. Damit geht ein teilweise systematisches Fehlen von Datensätzen oder wichtigen Variablen mit der daraus resultierenden mangelnden Repräsentativität der Daten einher (HUDEC (2002, S.5/6)). Abhilfe verschafft eine Behandlung der fehlenden Daten durch Nichtberücksichtigung, gesonderte Darstellung oder Einsatz von Ersatzgrößen (KÜPPERS (1999, S.97) und CAS (1999, S.418)). Neben fehlenden sind auch fehlerhafte Daten ein Problem, welche insbesondere durch Dateneingaben mit der Hand entstehen können. Konsistenzprüfungen zur Vermeidung dieses Fehlers bergen gleichzeitig das Risiko Muster zu verlieren, die nur scheinbar eine Anomalie sind , , (HAGEDORN U. A. (1997, S.602)). Auch Ausreißer sind ähnlich zu behandeln (MERTENS U. WIECZORREK (2000, S.251)). Weiterhin bereiten auch redundante oder widersprüchliche Daten Probleme. Während Redundanzen lediglich dem Data Mining-System kenntlich gemacht werden müssen, gibt es für widersprüchliche Daten derzeit keine Abhilfe (LOHRE (2001, S.17)).

Auch die Dynamik der Daten, durch die dauerhaften Veränderungen denen die Datenbanken unterworfen sind, darf nicht zu Inkonsistenzen bei der Analyse führen. Wird mit zeitlich periodischen Dublikaten oder mit Daten, die Zeitvermerke bezüglich Erstellen und Verändern besitzen, gearbeitet, sollte die Konsistenz gewahrt bleiben können.

Schließlich existieren auch technische Probleme beim Zugriff auf die Daten, da für Data Mining-Algorithmen ein einheitliches Datenformat notwendig ist, welches bei der zunehmenden Vielfalt an Datentypen nicht zwingend gegeben ist (GROSSMAN U. A. (1998)).

Besonders beim letzten Problem verschafft der Einsatz eines Data Warehouse Abhilfe, da in diesem die Daten in homogener Form vorliegen. Gerade bei den hohen Kosten die für die Vorbereitung der Daten beim Data Mining anfallen, erweist sich ein Data Warehouse als deutlich kostensparend (KNOBLOCH U. WEIDNER (2000)). Da im Rahmen dieser Arbeit nicht weiter auf die umfangreiche Thematik zum Data Warehouse, auch im Hinblick auf das Data Mining, eingegangen werden kann, wird auf entsprechende Literatur verwiesen: BREITNER U. A. (1998, S.36-40), BISSANTZ U. A. (1998), INMON (2002), VON DER LÜHE (1997), LIEHR (1999), MARX (1999) und MUCKSCH U. BEHME (1998).

Obwohl diese Probleme bekannt sind, werden sie von einigen Unternehmen unterschätzt und Data Mining-Verfahren direkt auf Daten ohne vorherige Prüfung oder Aufarbeitung angewendet. Die Wahrscheinlichkeit bei Anwendung komplexer Algorithmen auf diese Daten nützliche Ergebnisse zu erhalten, ist natürlich gering, und eigentlich aussichtsreiche Data Mining-Projekte erscheinen ineffektiv oder nutzlos (HUDEC (2002, S.5/6)).

5.2 Softwarequalität

Aufgrund der in den letzten Jahren stark angestiegenen Nachfrage nach Data Mining-Software sind inzwischen zahlreiche Anbieter auf dem Markt vertreten. Vielfach ist die Nutzung dieser kommerziellen Produkte mit einigen Nachteilen verbunden. So ist die Anwendung vorgefertigter Algorithmen ohne genaue Betrachtung der konkreten Problemstellung nur suboptimal. Weiterhin sind einige Produkte mit ineffizientem Speichermanagement oder schlechten algorithmischen Umsetzungen behaftet, so daß die vorherrschenden großen Datenmengen nicht bewältigt werden können. Schließlich mußte vielfach wegen der schnellen Entwicklungszyklen der Software die Qualitätssicherung in den Hintergrund treten. In Anbetracht dieser Probleme haben vergleichende Evaluierungsstudien und Benchmarkings für kommerzielle Data Mining-Tools bei der Suche nach einer geeigneten Lösung große Bedeutung (HUDEC (2002, S.6)).

5.3 Datenschutz

Die zu Data Mining-Zwecken gesammelten Daten bergen die Gefahr des Mißbrauchs, indem zum Beispiel durch Verknüpfung von Individualdaten, mehr Informationen über Personen zu erlangt werden, als diese bereit sind zu geben. Grundlage zur Bewertung eines solchen Mißbrauchs ist das Bundesdatenschutzgesetz BDSG, welches für jede geschäftliche und gewerbliche nicht-öffentliche Datenverarbeitung Gültigkeit besitzt. Ein Schutz ist laut BDSG jedoch nur für personenbezogene Daten notwendig, daß heißt Daten, aus denen Personen direkt oder mit Hilfe anderer Informationen eindeutig identifiziert werden können. Diese Daten unterliegen im BDSG der Zweckbindung: Sie dürfen nur für den Zweck verarbeitet und verwendet werden, zu dem sie erhoben wurden (BIZER (1998, S.102/103)).

Nicht verhindern können Gesetze eine eventuell auch unbewußte illegale Nutzung. Daher sind sowohl softwaretechnische Schranken als auch die Vermittlung eines ethisch verantwortungs-vollen Datenumgangs den Nutzern gegenüber als weiterer Schutz wünschenswert (HUDEC (2002, S.8)).

5.4 Rechenzeitverhalten

In dieser Arbeit ist bereits auf das Problem bezüglich des Rechenzeitverhaltens hingewiesen worden. Die Rechenzeit kann unzweifelhaft als ein kritischer Erfolgsfaktor eines Data Mining-Algorithmus angesehen werden, der auf den Nutzen eines Data Mining-Projektes entscheiden-den Einfluß hat. So sind bei den heutigen Datenmengen Verfahren, die mit der Datenmenge stärker als quadratisch in ihrer Laufzeit anwachsen, nicht mehr sinnvoll. Eine Einschränkung des Suchraums oder eine Verdichtung und gezielte Auswahl der Daten kann zwar Abhilfe schaffen, führt aber gleichzeitig dazu, daß wichtige Informationen übersehen werden können. Die Lösung dieses Problems in immer leistungsfähigeren Systemen zu suchen, ist auf die Dau-er ein Trugschluß, da gleichzeitig die Datenmengen immer weiter zunehmen (VAN HOANG (2004, S.7-9) und MERTENS U. A. (1994, S.741)).

5.5 Aussagekraft der Ergebnisse

Eine große Gefahr, die der Benutzer eines Data Mining-Verfahrens ausgesetzt ist, ist die unkritische Übernahme der Ergebnisse. Es darf nicht vergessen werden, daß die generierten Aussagen keine wahren Gesetzmäßigkeiten sind. Sie beruhen lediglich auf Daten, die einen nicht unbedingt validen Ausschnitt aus der realen Welt darstellen oder fehlerhaft oder un-vollständig sein können. Die Ergebnisse dürfen somit weder verallgemeinert, noch beliebig übertragen werden. Sie wurden nur für die konkrete Problemstellung gewonnen. Gerade der letzte Punkt wird wegen des hohen Aufwandes des Data Mining gerne mißachtet (HUDEC (2002, S.7) und VAN HOANG (2004, S.6-8)).

Aber auch in Hinblick auf die konkrete Problemstellung ist zu beachten, daß bei mangeln-der Daten- oder Algorithmenkenntnis und fehlender Modellverifikation schnell Fehlaussagen entstehen können (HUDEC (2002, S.7)). Eine automatische Übernahme der Ergebnisse zur Weiterverarbeitung wäre daher in den meisten Fällen mit fatal falschen Ergebnissen für die sich anschließenden Schritte verbunden (THEARLING (1997)).

Als wesentlicher Erfolgsfaktor ist somit eine geeignete Visualisierung der Ergebnisse anzuse-hen REITERER U. A. (2000, S.72-83)). Wegen der besseren Fähigkeiten des menschlichen Gehirns Bilder aufzunehmen, sind graphische Verfahren Zahlen dabei vorzuziehen (HOFMANN (1999, S.295)). Jedoch sind trotz neuer Verfahren (zum Beispiel Streudiagramm-Matrizen oder pixel-orientierter Visualisierung) die Darstellung von großen Datenmengen oder mehr als drei Dimensionen bislang nicht befriedigend gelöste Probleme (DEGEN (1998, S.397/398)).

Zusammenfassung

Bereits an dem kurzen Einblick, den diese Arbeit in das Thema Data Mining gegeben hat, läßt sich das große Potential erkennen, welches im Data Mining steckt. Dieses betrifft in Prinzip alle Bereiche mit hohem Datenaufkommen und ist daher noch lange nicht ausgeschöpft. Trotzdem sollte nicht vergessen werden, daß das Data Mining kein Allheilmittel gegen beliebige Unternehmensprobleme ist. Beim Einsatz von Data Mining-Methoden sollten deren Grenzen bekannt sein und entsprechend berücksichtigt werden. So müssen die Daten in passender aufbereiteter Form und geeignete Software vorliegen. Auch müssen die technischen Voraussetzungen gegeben sein und erst durch das Ziehen von Konsequenzen aus den Data Mining-Ergebnissen durch das Management wird ein Nutzen erzielt.

Wie evident diese Einschränkungen sind zeigt sich daran, daß viele Data Mining-Konzepte an technischen oder organisatorischen Problemen scheitern (CHAMONI U. GLUCHOWSKI (1998, S.6-8) und HATTENDORF (1998, S.467-469)).

Daher bleibt für die Zukunft noch eine Fülle von Herausforderungen zu meistern. Es sind effizientere Analyseverfahren für die stetig ansteigenden Datenmengen zu entwickeln, stetig Nützlichkeit, Gründlichkeit, Verständlichkeit, Interessantheit und Unerwartetheit als wichtige Evaluationskriterien zu vermitteln, Datenschutzprobleme auszuräumen, Methoden und Daten zu integrieren, multimediale oder natürlichsprachliche Daten einzubeziehen und die Möglichkeiten relationaler oder objektorientierter Datenbanken auszuschöpfen (LOHRE (2001, S.66))

Dennoch ist bereits heutzutage Information ein zu wichtiger Produktionsfaktor, um ihn vernachlässigen zu können und Data Mining ist ein wichtiger Schritt, einen entsprechenden Vorteil gegenüber der Konkurrenz zu erlangen.

Literaturverzeichnis

@-WEB 2005A
@-WEB (Hrsg.): *Grundlageninfos zu Suchmaschinen, Suchmaschine oder Webverzeichnis: Warum ist Yahoo keine Suchmaschine ?* Version: 2005. http://www.at-web.de/grundlagen/yahoo-k-suchmaschine.htm. – Online–Ressource, Abruf: 23. Apr. 2005

@-WEB 2005B
@-WEB (Hrsg.): *Grundlageninfos zu Suchmaschinen, Suchmaschinenoptimierung: Das PageRank Verfahren der Suchmaschine Google.* Version: 2005. http://www.at-web.de/suchmaschinenoptimierung/pagerank.htm. – Online–Ressource, Abruf: 23. Apr. 2005

ADRIAANS U. ZANTINGE 1997
ADRIAANS, P. ; ZANTINGE, D.: *Data Mining.* Boston, MA, USA : Addison-Wesley Longman Publishing Co., Inc., 1997. – ISBN 0–201–40380–3

AGARWAL U. SRIKANT 1994
AGARWAL, R. ; SRIKANT, R.: Fast Algorithms for Mining Association Rules in Large Databases. In: BOCCA, J.B. (Hrsg.) ; JARKE, M. (Hrsg.) ; ZANIOLO, C. (Hrsg.): *VLDB'94, Proceedings of 20th International Conference on Very Large Data Bases, September 12-15, 1994, Santiago de Chile, Chile,* Morgan Kaufmann. – ISBN 1–55860–153–8, 487-499

AGGARWAL U. YU 1999
AGGARWAL, C.C. ; YU, P.S.: Data Mining Techniques for Associations, Clustering and Classification. In: ZHONG, N. (Hrsg.) ; ZHOU, L. (Hrsg.): *PAKDD* Bd. 1574. Berlin : Springer, 1999. – ISBN 3–540–65866–1, S. 13–23

ALTHOFF U. BARTSCH-SPÖRL 1996
ALTHOFF, K.-D. ; BARTSCH-SPÖRL, B.: Decision Support for Case-Based Applications. In: *Wirtschaftsinformatik* 38 (1996), Nr. 1, S. 8–16

ARMBRUSTER 2004
ARMBRUSTER, A.: *Suchmaschinen und Data Mining.* Seminararbeit für das Seminar „Data Mining" an der Fakultät für Mathematik und Wirtschaftswissenschaften Abteilung Angewandte Informationsverarbeitung der Universität Ulm im WS2003/04. http://www.mathematik.uni-ulm.de/sai/ws03/dm/arbeit/armbruster.pdf. Version: 2004. – Abruf: 24. Apr. 2005

ARNBORG U. A. 2002

ARNBORG, S. ; AGARTZ, I. ; HALL, H. ; JÖNSSON, E. ; SILLÉN, A. ; SEDVALL, G.: Data Mining in Schizophrenia Research - Preliminary Analysis. In: ELOMAA, T. (Hrsg.) ; MANNILA, H. (Hrsg.) ; TOIVONEN, H. (Hrsg.): *Principles of Data Mining and Knowledge Discovery, 6th European Conference, PKDD 2002, Helsinki, Finland, August 19-23, 2002, Proceedings* Bd. 2431. Berlin, Heidelberg, New York : Springer, 2002. – ISBN 3–540– 44037–2, S. 27–38

BABOCK 1994

BABOCK, C.: Parallel processing mines retail data. In: *Computer World* 6 (1994)

BACKHAUS U. A. 1996

BACKHAUS, K. ; ERICHSON, B. ; PLINKE, W. ; WEIBER, R.: *Multivariate Analyse-methoden. Eine anwendungsorientierte Einführung.* Berlin : Springer, 1996. – ISBN 3–540–67146–3

BERRY U. LINOFF 1997

BERRY, M.J. ; LINOFF, G.: *Data Mining Techniques: For Marketing, Sales, and Customer Support.* New York : John Wiley & Sons, Inc., 1997. – ISBN 0–471–17980–9

BÖHME 1993

BÖHME, G.: *Fuzzy-Logik. Eine Einführung in die algebraischen und logischen Grundlagen.* Berlin : Springer, 1993

BISSANTZ 1996

BISSANTZ, N.: *Data Mining im Controlling: CLUSMIN - Ein Beitrag zur Analyse von Daten des Ergebniscontrollings mit Datenmustererkennung (Data Mining).* Erlangen, In-stitut für Mathematische Maschinen und Datenverarbeitung der Friedrich Alexander Uni-versität Erlangen Nürnberg, Diss., 1996

BISSANTZ 1998

BISSANTZ, N.: Aktive Managementinformationen und Data Mining: Neuere Methoden und Ansätze. In: CHAMONI, P. (Hrsg.) ; GLUCHOWSKI, P. (Hrsg.): *Analytische Informa-tionssysteme. Data Warehouse, On-Line Analytical Processing und Data Mining.* Berlin : Springer, 1998, S. 321–338

BISSANTZ U. HAGEDORN 1993

BISSANTZ, N. ; HAGEDORN, J.: Data Mining (Datenmustererkennung). In: *Wirtschafts-informatik* 35 (1993), Nr. 5, S. 481–487

BISSANTZ U. A. 1998

BISSANTZ, N. ; HAGEDORN, J. ; MERTENS, P.: Data Mining. In: MUCKSCH, H. (Hrsg.) ; BEHME, W. (Hrsg.): *Das Data Warehouse-Konzept: Architektur - Datenmodelle - An-wendungen. Mit Erfahrungsberichten,* Gabler, 1998, S. 437–466

BISSANTZ U. KÜPPERS 1996

BISSANTZ, N. ; KÜPPERS, B.: Dem Wissen auf der Spur. In: *PC Magazin* 44 (1996), S. 36–42

BIZER 1998

BIZER, J.: Datenschutz im Data Warehouse. In: MUCKSCH, H. (Hrsg.) ; BEHME, W. (Hrsg.): *Das Data Warehouse-Konzept: Architektur - Datenmodelle - Anwendungen. Mit Erfahrungsberichten*, Gabler, 1998, S. 95–118

BORK 1994

BORK, T.A.: *Informationsüberlastung in der Unternehmung: Eine Mehrebenenanalyse zum Problem „Information Overload" aus betriebswirtschaftlicher Sicht.* Frankfurt am Main : Peter Lang, 1994. – ISBN 631–47720–1

BRAUSE 1995

BRAUSE, R.: *Neuronale Netze. Eine Einführung in die Neuroinformatik.* Stuttgart : Teubner, 1995

BREITNER U. A. 1998

BREITNER, C.A. ; LOCKEMANN, P.C. ; SCHLÖSSER, J.A.: Die Rolle der Informationsverwaltung im KDD-Prozeß. In: NAKHAEIZADEH, G. (Hrsg.): *Data Mining. Theoretische Aspekte und Anwendungen*, Springer, 1998, S. 34–60

BRIN U. PAGE 1998

BRIN, S. ; PAGE, L.: *Dynamic Data Mining: Exploring Large Rule Spaces by Sampling.* http://www-db.stanford.edu/~sergey/ddm.ps. Version: 1998. – Abruf: 10. Apr. 2005

BUTTERWEGGE 1999

BUTTERWEGGE, G.: Cased-Based Reasoning in der Angebotserstellung. In: *Proceedings 2. Workshop „Data Mining und Data Warehousing als Grundlage moderner entscheidungsunterstützender Systeme".* Magdeburg, 1999 (LWA99 Sammelband), S. 25–34

CAS 1999

CAS, K.: Integration von Kosten- und Marktdaten in einem Entscheidungsassistenten. In: *Wirtschaftsinformatik* 41 (1999), Nr. 5, S. 416–425

CERTO IT SOLUTIONS & TRAINING GMBH 2005A

CERTO IT SOLUTIONS & TRAINING GMBH (Hrsg.): *Link Popularity.* Version: 2005. http://suchmaschinentricks.de/ranking/link_popularity.php3. – Online– Ressource, Abruf: 14. Apr. 2005

CERTO IT SOLUTIONS & TRAINING GMBH 2005B

CERTO IT SOLUTIONS & TRAINING GMBH (Hrsg.): *Ranking.* Version: 2005. http://suchmaschinentricks.de/ranking/ranking.php3. – Online–Ressource, Abruf: 14. Apr. 2005

CERTO IT SOLUTIONS & TRAINING GMBH 2005C

CERTO IT SOLUTIONS & TRAINING GMBH (Hrsg.): *Spamming.* Version: 2005. http:
//www.suchmaschinentricks.de/ranking/spamming.php3. – Online–Ressource, Abruf:
14. Apr. 2005

CHAMONI 1998

CHAMONI, P.: Ausgewählte Verfahren des Data Mining. In: CHAMONI, P. (Hrsg.): *Analytische Informationssysteme. Data Warehouse, On-Line Analytical Processing und Data
Mining.* Berlin : Springer, 1998, S. 301–320

CHAMONI U. GLUCHOWSKI 1998

CHAMONI, P. ; GLUCHOWSKI, P.: Analytische Informationssysteme - Einordnung und
Überblick. In: CHAMONI, P. (Hrsg.): *Analytische Informationssysteme. Data Warehouse,
On-Line Analytical Processing und Data Mining.* Berlin : Springer, 1998, S. 3–25

CHAMONI, P. U. GLUCHOWSKI, P. 1998

CHAMONI, P. U. GLUCHOWSKI, P. (Hrsg.): *Analytische Informationssysteme: Data
Warehouse, On-Line Analytical Processing, Data Mining.* Berlin : Springer, 1998. – ISBN
3–540–65843–2

CHEN U. A. 1999

CHEN, M.-S. ; HAN, J. ; YU, P.: Data mining: An Overview form Database Perspective.
In: *IEEE Transactions on Knowledge and Data Engineering* 8 (1999), Nr. 6

CRISP-DM CONSORTIUM 2005

CRISP-DM CONSORTIUM (Hrsg.): *CRoss Industry Standard Process for Data Mining.* Version: 2005. http://www.crisp-dm.org/index.htm. – Online–Ressource, Abruf:
25. Mrz. 2005

DASTANI 2005

DASTANI, P. (Hrsg.): *Data Mining - eine Einführung.* Version: 2005. http://www.
data-mining.de/miningmining.htm. – Online–Ressource, Abruf: 17. Apr. 2005

DECKER U. FOCARDI 1995

DECKER, K. ; FOCARDI, S.: Technology overview: (A) report on data mining.
Version: 1995. http://citeseer.ist.psu.edu/decker95technology.html. – For-
schungsbericht. – Elektronische Ressource. Abruf: 11. Apr. 2005

DEGEN 1998

DEGEN, H.: Statistische Methoden zur visuellen Explorartion mehrdimensionaler Daten.
In: CHAMONI, P. (Hrsg.) ; GLUCHOWSKI, P. (Hrsg.): *Analytische Informationssysteme.
Data Warehouse, On-Line Analytical Processing und Data Mining.* Berlin : Springer,
1998, S. 387–408

DEVENTER U. VAN HOOF 1998

DEVENTER, R. ; VAN HOOF, A.: Data Mining mit Genetischen Algorithmen. In: CHAMONI, P. (Hrsg.) ; GLUCHOWSKI, P. (Hrsg.): *Analytische Informationssysteme. Data Warehouse, On-Line Analytical Processing und Data Mining.* Berlin : Springer, 1998, S. 339–354

DONATH 2002

DONATH, A. (Hrsg.): *Data Mining: Jeder zweite Großbetrieb wertet Kundendaten aus.* Version: 2002. http://www.golem.de/0208/21218.html. – Online–Ressource, Abruf: 10. Apr. 2005

DÜRR 2004

DÜRR, H.: *Anwendungen des Data Mining in der Praxis.* Seminararbeit für das Seminar „Data Mining" an der Fakultät für Mathematik und Wirtschaftswissenschaften Abteilung Angewandte Informationsverarbeitung der Universität Ulm im WS2003/04. http://www.mathematik.uni-ulm.de/sai/ws03/dm/arbeit/duerr.pdf. Version: Januar 2004. – Abruf: 24. Apr. 2005

DÜSING 1998

DÜSING, R.: Knowledge Discovery in Databases and Data Mining. In: CHAMONI, P. (Hrsg.) ; GLUCHOWSKI, P. (Hrsg.): *Analytische Informationssysteme. Data Warehouse, On-Line Analytical Processing und Data Mining.* Berlin : Springer, 1998, S. 291–300

FAYYAD U. A. 1996A

FAYYAD, U.M. ; PIATETSKY-SHAPIRO, G. ; SMYTH, P.: From Data Mining to Knowledge Discovery. In: FAYYAD, U.M. (Hrsg.) ; PIATETSKY-SHAPIRO, G. (Hrsg.) ; SMYTH, P. (Hrsg.) ; UTHURUSAMY, R. (Hrsg.): *Advances in Knowledge Discovery and Data Mining.* Cambridge : AAAI, 1996, S. 1–24

FAYYAD U. A. 1996B

FAYYAD, U.M. ; PIATETSKY-SHAPIRO, G. ; SMYTH, P. ; UTHURUSAMY, R.: *Advances in Knowledge Discovery and Data Mining.* Cambridge : AAAI, 1996. – ISBN 0–262–56097–6

FEELDERS U. VERKOOIJEN 1995

FEELDERS, A. ; VERKOOIJEN, W.: Which method learns most from the data? - methological issues in the analysis of comparative studies. In: *Preliminary papers of the Fifth Intl. Workshop on Artificial Intelligence and Statistics, Fort Lauderdale, Florida* (1995), Jan, S. 219–225

FELDKIRCHER 2004

FELDKIRCHER, M. (Hrsg.): *Zwischen Goldesel und Sternschnuppe.* Version: 2004. http://www.spss.com/de/praxis/crisp.pdf. – Online–Ressource, Abruf: 21. Apr. 2005

FRAWLEY U. A. 1991

FRAWLEY, W.J. ; PIATETSKY-SHAPIRO, G. ; MATHEUS, C.J.: Knowledge Discovery in

Databases: Am Overview. In: PIATETSKY-SHAPIRO, G. (Hrsg.) ; MATHEUS, C.J. (Hrsg.): *Knowledge Discovery in Databases*, AAAI Press / MIT Press, 1991, S. 1–27

GEBHARDT 1994
GEBHARDT, F.: Interessantheit als Kriterium für die Bewertung von Ergebnissen. In: *Informatik, Forschung und Entwicklung* 9 (1994), Nr. 1, S. 9–21

GOTTSCHLING U. RECHENAUER 1994
GOTTSCHLING, S. ; RECHENAUER, H.O.: *Direktmarketing. Kunden finden, Kunden binden.* Stuttgart : Manz Verlag, 1994. – ISBN 3–786–30768–7

GRABER 2000
GRABER, M.: Data Mining: Eine mächtige Methode im Business-Intelligence-Prozess. In: *IT Management* 1+2 (2000), S. 74–79

GRIMMER U. MUCHA 1998
GRIMMER, U. ; MUCHA, H.-J.: Datensegmentierung mittels Clusteranalyse. In: NAKHAEIZADEH, G. (Hrsg.): *Data Mining. Theoretische Aspekte und Anwendungen*, Springer, 1998, S. 109–141

GROB U. BENSBERG 1999
GROB, H.L. ; BENSBERG, L.: *Das Data Mining Konzept.* Arbeitsbericht Nr.8 am Institut für Wirtschaftsinformatik der Universität Münster, 1999

GROSSMAN U. A. 1998
GROSSMAN, R. ; KASIF, S. ; MOORE, R. ; ROCKE, D. ; ULLMAN, J.: *Data Mining Research: Opportunities and Challenges.* A Report of three NSF Workshops on Mining Large, Massive, and Distributed Data. http://www.rgrossman.com/reprints/dmr-v8-4-5.htm. Version: 1998. – Abruf: 25. Apr. 2005

HAGEDORN U. A. 1997
HAGEDORN, J. ; BISSANTZ, N. ; MERTENS, P.: Data Mining (Datenmustererkennung): Stand der Forschung und Entwicklung. In: *Wirtschaftsinformatik* 39 (1997), Nr. 6, S. 601–612

HAGEN 2004
HAGEN, H.: *Data Mining in Datenbanksystemen.* Seminararbeit für das Seminar „Data Mining "an der Fakultät für Mathematik und Wirtschaftswissenschaften Abteilung Angewandte Informationsverarbeitung der Universität Ulm im WS2003/04. http://www.mathematik.uni-ulm.de/sai/ws03/dm/arbeit/hagen.pdf. Version: Februar 2004. – Abruf: 24. Apr. 2005

HAMMANN U. ERICHSON 2000
HAMMANN, P. ; ERICHSON, B.: *Marktforschung.* 4. Stuttgart : Lucius und Lucius, 2000

HARTUNG U. A. 1984

Kapitel 8: Klassifikation und Identifikation. In: HARTUNG, J. ; ELPELT, B. ; SCHWEIGER, B.: *Multivariate Verfahren.* Hagen : Fernuniversität in Hagen, Fachbereich Wirtschaftswissenschaft, 1984, S. 1

HATTENDORF 1998

HATTENDORF, M.: Überlebensfähigkeit als Organisationsprinzip: Ein systemtheoretischer Ansatz für das Design und die Implementierung von Analytischen Informationssystemen. In: CHAMONI, P. (Hrsg.) ; GLUCHOWSKI, P. (Hrsg.): *Analytische Informationssysteme. Data Warehouse, On-Line Analytical Processing und Data Mining.* Berlin : Springer, 1998, S. 467–476

HEUER U. SAAKE 2000

HEUER, A. ; SAAKE, G.: *Datenbanken: Konzepte und Sprachen.* 2. aktualisierte und erweiterte. Bonn : International Thompson, 2000

HEUER 1997

HEUER, J.: *Neuronale Netze in der Industrie. Einführung - Analyse - Einsatzmöglichkeiten.* Paderborn : Deutscher Universitätsverlag, 1997. – ISBN 3–824–46386–5

HOFMANN 1999

HOFMANN, H.: Visualisation in Data Mining - Screening Multivariate Categorical Data. In: *Bulletin of the International Statistical Institute, 52nd Session, Proceedings Book 1.* Helsinki, 1999, S. 295–298

HUDEC 2002

HUDEC, M.: Data Mining - Ein neues Paradigma der angewandten Statistik. In: *Austrian Journal of Statistics* 31 (2002), Nr. 1, 55-65. http://www.statistik.tuwien.ac.at/ oezstat/ausg021/papers/hudec.doc. – Abruf: 18. Apr. 2005

HULDI 1997

HULDI, Ch.: Database Marketing - Wunsch und Wirklichkeit. In: *Handbuch der modernen Datenverarbeitung - Praxis Wirtschaftsinformatik* 193 (1997), S. 25–41

HULDI 2000

HULDI, Ch.: Data Mining - Mehr Wissen ist Macht. In: *Absatzwirtschaft User April* (2000), S. 84f

IBM DEUTSCHLAND GMBH 2005

IBM DEUTSCHLAND GMBH (Hrsg.): *DB2 Intelligent Miner.* Version: 2005. http: //www-306.ibm.com/software/data/iminer. – Online–Ressource, Abruf: 29. Apr. 2005

INMON 2002

INMON, W.H. ; ELLIOTT, R. (Hrsg.): *Building the Data Warehouse.* 3. New York : Wiley, 2002. – ISBN 0–471–08130–2

INTERNATIONAL ORGANIZATION FOR STANDARDIZIATION (ISO) 2002
ISO, International O. f. S. (Hrsg.): *ISO/IEC 13249-6:2002, Information technology – Database languages – SQL multimedia and application packages – Part 6: Data mining.* Version: 2002. http://www.iso.org/iso/en/CatalogueDetailPage. CatalogueDetail?CSNUMBER=34129\&scopelist=. – Online–Ressource, Abruf: 12. Apr. 2005

KEMPER U. FINGER 1998
KEMPER, H.-G. ; FINGER, R.: Datentransformation im Data Warehouse: Konzeptionelle Überlegungen zur Filterung, Harmonisierung, Verdichtung und Anreicherung operativer Datenbestände. (1998), S. 61–77

KLEIN U. SCHMIDT 1995
KLEIN, H.-W. ; SCHMIDT, P.: Methode oder Mode. Neuronale Netze-Anwendungen in der Marktforschung. In: *Planung und Analyse* 1 (1995), S. 42–46

KNOBLOCH U. WEIDNER 2000
KNOBLOCH, B. ; WEIDNER, J.: Eine kritische Betrachtung von Data-Mining-Prozessen: Ablauf, Effizienz und Unterstützungspotentiale. In: JUNG, R. (Hrsg.) ; WINTER, R. (Hrsg.): *Data Warehousing 2000. Methoden, Anwendungen, Strategien.* Physica, 345-365. – Abruf: 12. Apr. 2005

KOTLER U. BLIEMEL 2001
KOTLER, P. ; BLIEMEL, F.: *Marketing-Mangement.* 10. Stuttgart : Schäffer-Poeschel, 2001. – ISBN 3–791–01689–X

KÜPPERS 1999
KÜPPERS, B.: *Data Mining in der Praxis. Ein Ansatz zur Nutzung der Potentiale von Data Mining im betrieblichen Umfeld,* Technische Universität Graz, Fakultät für Maschinenbau, Diss., 1999

KRAHL U. A. 1998
KRAHL, D. ; WINDHEUSER, U. ; ZICK, F.-K.: *Data Mining: Einsatz in der Praxis.* Bonn : Addison Wesley Longman, 1998. – ISBN 3–8273–1349–X

KRATZER 1993
KRATZER, K.P.: *Neuronale Netze: Grundlagen und Anwendungen.* 2. durchgesehene. München; Wien : Carl Hanser, 1993

KRAUSE 1993
KRAUSE, C.: *Kreditwürdigkeitsprüfung nit Neuronalen Netzen.* Münster, Westfälische Wilhelms-Universität Münster, Diss., 1993

LACKES U. A. 1998
LACKES, R. ; MACK, D. ; TILLMANNS, Ch.: Data Mining in der Marktforschung. In: HIPPNER, H. (Hrsg.) ; MEYER, M. (Hrsg.) ; WILDE, K.D. (Hrsg.): *Computer Based Marketing. Das Handbuch zur Marketinginformatik.* Braunschweig : Vieweg, 1998, S. 249–258

LIEHR 1999
LIEHR, Th.: Data Warehouse + Data Mining = Wissen auf Knopfdruck ? In: *Planung und Analyse* 1 (1999), S. 44–49

LOHRE 2001
LOHRE, T.: *Data Mining im Kundenmanagement.* Seminararbeit zum Produktionstechnischen Seminar an der Universität Gesamthochschule Paderborn Fachbereich Wirtschaftswissenschaften Fachgebiet Wirtschaftsinformatik im WS00/01. http://www.crm-competence-center.de/bisysteme.nsf/ 739CD2C2B151215FC12569D70061E188/$File/seminararbeit%20data%20mining.pdf. Version: 2001. – Abruf: 25. Apr. 2005

LUDWIG 2000
LUDWIG, L.A.: *Computational Intelligence: Nutzenpotentiale der Methodenklasse CI für ausgewählte Problemstellungen der Produktionswirtschaft unter Berücksichtigung konfliktärer multikriterieller Anforderungen.* Paderborn, Heinz-Nixdorf-Institut Universität Paderborn, Diss., 2000

LUSTI 1999
LUSTI, M.: *Data Warehouse und Data Mining. Eine Einführung in entscheidungsunterstützende Systeme.* Berlin : Springer, 1999

MARX 1999
MARX, V.: Aufbau von Data-Warehouse und Data-Mining-Umgebungen. In: *Planung und Analyse* 1 (1999), S. 40–43

MAYR 1999A
MAYR, M.: Business Intelligence - Auf dem Weg zu neuem Wissen. In: *Planung und Analyse* 1 (1999), S. 20–24

MAYR 1999B
MAYR, M.: Tips zum Data Mining. In: *Direkt Marketing* 10 (1999), S. 16

MERTENS U. A. 1997
MERTENS, P. ; BISSANTZ, N. ; HAGEDORN, J.: Data Mining im Controlling: Überblick und erste Erfahrungen. In: *Zeitschrift für Betriebswirtschaft* 2 (1997), S. 179–201

MERTENS U. A. 1994

MERTENS, P. ; BISSANTZ, N. ; HAGEDORN, J. ; SCHULTZ, J.: Datenmustererkennung in der Ergebnisrechnung mit Hilfe der Clusteranalyse. In: *Die Betriebswirtschaft* 6 (1994), S. 739–753

MERTENS U. WIECZORREK 2000

MERTENS, P. ; WIECZORREK, H.P.: *Data X Strategien. Data Warehouse Data Mining und operationale Systeme in der Praxis.* Berlin : Springer, 2000

MÜLLER U. A. 1998

MÜLLER, M. ; HAUSDORF, C. ; SCHNEEBERGER, J.: Zur Interessantheit bei der Entdeckung von Wissen in Datenbanken. In: NAKHAEIZADEH, G. (Hrsg.): *Data Mining. Theoretische Aspekte und Anwendungen,* Springer, 1998, S. 248–264

MUCKSCH U. BEHME 1998

MUCKSCH, H. ; BEHME, W.: *Das Data Warehouse-Konzept: Architektur - Datenmodelle - Anwendungen. Mit Erfahrungsberichten.* Wiesbaden : Gabler, 1998

NAKHAEIZADEH 2000

NAKHAEIZADEH, G.: Vom Data Mining zum verteilten Data Mining. In: *VDI Berichte 1526: Computational Intelligence im industriellen Einsatz. Fuzzy-Systeme, Neuronale Netze, Evolutionäre Algorithmen und Data Mining. Tagung Baden-Baden* (2000), S. 199–209

NAKHAEIZADEH U. A. 1998

NAKHAEIZADEH, G. ; REINARTZ, Th. ; WIRTH, R.: Wissensentdeckung in Datenbanken und Data Mining: Ein Überblick. In: NAKHAEIZADEH, G. (Hrsg.): *Data Mining. Theoretische Aspekte und Anwendungen,* Springer, 1998, S. 1–33

NASA 2005

NASA (Hrsg.): *The Earth Observing System. Project Science Office.* Version: 2005. http://eospso.gsfc.nasa.gov/index.php. – Online–Ressource, Abruf: 29. Apr. 2005

NEEB 1999

NEEB, H.-P.: *Einsatzmöglichkeiten von ausgewählten Data Mining Verfahren im Bereich Financial Services.* Karlsruhe, Universität Karslruhe, Diplomarbeit, 1999

NHCONSULT GMBH 2005

NHCONSULT GMBH (Hrsg.): *Data Mining.* Version: 2005. http://www.nhconsult.de/ images/nhc_dm.pdf. – Online–Ressource, Abruf: 30. Mrz. 2005

ORACLE 2005

ORACLE (Hrsg.): *Oracle database 10g. Oracle Data Mining.* Version: 2005. http://www. oracle.com/technology/products/bi/odm/index.html. – Online–Ressource, Abruf: 26. Apr. 2005

PETRAK 1997

PETRAK, J.: Data Mining - Methoden und Anwendungen. In: *Technical Report TR-97-15 des Österreichischen Forschungsinstituts für Artifical Intelligence, Wien* (1997). http: //www.ai.univie.ac.at/cgi-bin/tr-online?number+97-15. – Abruf: 5. Apr. 2005

REINARTZ 1999

REINARTZ, T.: *Focusing Solutions for Data Mining: Analytical Studies and Experimental Results in Real-World Domains.* 1. New York : Springer, 1999. – ISBN 5–406–64297

REITERER U. A. 2000

REITERER, H. ; MANN, T.M. ; MUSSLER, G. ; BLEIMANN, U.: Visualisierung von entscheidungsrelevanten Daten für das Management. In: *Handbuch der modernen Datenverarbeitung - Praxis Wirtschaftsinformatik* 212 (2000), S. 71–83

RUHLAND U. WITTMANN 1998

RUHLAND, J. ; WITTMANN, T.: Die Eignung von Neuro-Fuzzy-Systemen zum Data Mining in großen Marketing-Datenbanken. In: HIPPNER, H. (Hrsg.) ; MEYER, M. (Hrsg.) ; WILDE, K.D. (Hrsg.): *Computer Based Marketing. Das Handbuch zur Marketinginformatik.* Braunschweig : Vieweg, 1998, S. 591–600

SAILER 2004

SAILER, M. (Hrsg.): *Zielgerichtete Kundenansprache als Verkaufsmotor.* Version: 2004. http://www.spss.com/de/praxis/rlb.pdf. – Online–Ressource, Abruf: 9. Apr. 2005

SAS INSTITUTE INC. 2002

SAS INSTITUTE INC. (Hrsg.): *SAS® Enterprise Miner^{TM} Broschüre.* Version: 2002. http://www.sas.com/offices/europe/germany/download/files/solutions/ SAS_Enterprise_Miner_Broschuere.pdf. – Online–Ressource, Abruf: 25. Apr. 2005

SAS INSTITUTE INC. 2003

SAS INSTITUTE INC. (Hrsg.): *Zielgruppensegmentierung durch Analytik und Data Mining.* Version: 2003. http://www.sas.com/offices/europe/germany/events/review/ files/ci_03_datamining.pdf. – Online–Ressource, Abruf: 25. Apr. 2005

SAS INSTITUTE INC. 2005A

SAS INSTITUTE INC. (Hrsg.): *Architektur.* Version: 2005. http://www.sas. com/offices/europe/germany/solutions/te_ar_.html. – Online–Ressource, Abruf: 25. Apr. 2005

SAS INSTITUTE INC. 2005B

SAS INSTITUTE INC. (Hrsg.): *SAS Warehousing.* Version: 2005. http://www.sas. com/offices/europe/germany/solutions/te_dw_.html. – Online–Ressource, Abruf: 25. Apr. 2005

SAS INSTITUTE INC. 2005c

SAS INSTITUTE INC. (Hrsg.): *SAS® Web Mining*. Version: 2005. `http://www.sas.` `com/offices/europe/germany/solutions/ps_ci_10.html`. – Online–Ressource, Abruf: 25. Apr. 2005

SAS INSTITUTE INC. 2005d

SAS INSTITUTE INC. (Hrsg.): *Webseite SAS Deutschland*. Version: 2005. `http:` `//www.sas.com/offices/europe/germany/index.html`. – Online–Ressource, Abruf: 25. Apr. 2005

SAS INSTITUTE INC. PRESSEINFORMATION 2003

SAS INSTITUTE INC. PRESSEINFORMATION (Hrsg.): *Data Mining-Lösungen von SAS treiben wachsendes Segment des Business Intelligence-Marktes an*. Version: 2003. `http://www.sas.com/offices/europe/germany/popup/print_press.hsql?meldung=` `pm030710`. – Online–Ressource, Abruf: 25. Apr. 2005

SAS INSTITUTE INC. PRESSEINFORMATION 2004

SAS INSTITUTE INC. PRESSEINFORMATION (Hrsg.): *Neue META Group-Studie: SAS ist die Nummer eins unter den Data-Mining-Anbietern*. Version: 2004. `http://www.` `sas.com/offices/europe/germany/popup/print_press.hsql?meldung=pm041111`. – Online–Ressource, Abruf: 25. Apr. 2005

SCHEER 1996

SCHEER, A.-W.: Data Warehouse und Data Mining: Konzepte der Entscheidungsfindung. In: *Information Management* 1 (1996), S. 74f

SCHINZER U. BANGE 1998

SCHINZER, H.D. ; BANGE, C.: Werkzeuge zum Aufbau analytischer Informationssysteme: Marktübersicht. In: CHAMONI, P. (Hrsg.) ; GLUCHOWSKI, P. (Hrsg.): *Analytische Informationssysteme. Data Warehouse, On-Line Analytical Processing und Data Mining*. Berlin : Springer, 1998, S. 41–58

SCHMIDT-VON RHEIN U. REHKUGLER 1994

SCHMIDT-VON RHEIN, A. ; REHKUGLER, H.: Künstliche Neuronale Netze zur Kreditwürdigkeitsprüfung bei Privatkundenkrediten. In: REHKUGLER, H. (Hrsg.) ; ZIMMERMANN, H.G. (Hrsg.): *Neuronale Netze in der Ökonomie. Grundlagen und finanzwirtschaftliche Anwendungen*. München : Vahlen, 1994, S. 502–545

SCHOBER 1997

SCHOBER, K.: *Die neue Dimension im Direktmarketing. Market-Universe-Database*. Düsseldorf : Econ, 1997

SENATOR U. A. 1995

SENATOR, T.E. ; GOLDBERG, H.G. ; WOOTON, J. ; COTTINI, M.A. ; KHAN, A.F.U. ;

KLINGER, C.D. ; LLAMAS, W.M. ; MARONE, M.P. ; WONG, R.W.H.: The Financial Crimes Enforcement Network AI System (FAIS) Identifying Potential Money Laundering from Reports of Large Cash Transactions. In: *AI Magazine* 16 (1995), Nr. 4, S. 21–39

SOEFFKY 1997

SOEFFKY, M.: Vom Firmenmodell zum Data Warehouse. In: *Datenbank Focus* 10 (1997), S. 30–41

SPSS INCORPORATED 2004

SPSS INCORPORATED (Hrsg.): *Westmidlands Police Department, Großbritanien*. Version: 2004. `http://www.spss.com/de/praxis/WEST_MID.PDF`. – Online–Ressource, Abruf: 26. Apr. 2005

SPSS INCORPORATED 2005A

SPSS INCORPORATED (Hrsg.): *Clementine*. Version: 2005. `http://www.spss.com/de/produkte/clementine/index.htm`. – Online–Ressource, Abruf: 26. Apr. 2005

SPSS INCORPORATED 2005B

SPSS INCORPORATED (Hrsg.): *Produkte und Lösungen*. Version: 2005. `http://www.spss.com/de/produkte/`. – Online–Ressource, Abruf: 26. Apr. 2005

SPSS INCORPORATED 2005C

SPSS INCORPORATED (Hrsg.): *SPSS in der Praxis. Data Mining*. Version: 2005. `http://www.spss.com/de/success/bereiche/dami.htm`. – Online–Ressource, Abruf: 10. Mai 2005

THEARLING 1997

THEARLING, K. (Hrsg.): *Understanding Data Mining: It's All in the Interaction*. Version: 1997. `http://www.thearling.com/text/dsstar/interaction.htm`. – Online–Ressource, Abruf: 24. Mrz. 2005. – Internet White Paper

THEARLING 2005

THEARLING, K. (Hrsg.): *An Introduction to Data Mining: Discovering hidden value in your data warehouse, Abschnitt: How Data Mining Works*. Version: 2005. `http://www.thearling.com/text/dmwhite/dmwhite.htm`. – Online–Ressource, Abruf: 24. Mrz. 2005. – Internet White Paper

TRAUTZSCH 2000

TRAUTZSCH, S.: Von Goldmünzen und Goldgräbern in Datenbanken. In: *Absatzwirtschaft* 6 (2000), S. 112–114

URBAN 1998

URBAN, A.: *Einsatz künstlicher Neuronaler Netze bei der operativen Werbemitteleinsatzplanung im Versandhandel im Vergleich zu ökonometrischen Verfahren*. Regensburg, Universität Regensburg, Diss., 1998

VAN HOANG 2004

VAN HOANG, N.: *Data Mining und Knowledge Discovery.* Seminararbeit im Fachgebiet Elektronik und medizinische Signalverarbeitung am Institut für Energie- und Automatisierungstechnik der Fakultät IV (Elektrotechnik und Informatik) der Technischen Universität Berlin im SS04. `http://ntife.ee.tu-berlin.de/lehre/Neuroseminar/` `Downloads/AusarbeitungDataMiningNguyen.pdf`. Version: 2004. – Abruf: 24. Apr. 2005

DE VILLE 2001

VILLE, B. de: Data Mining in SQL Server 2000. In: *SQL Server Magazin* (2001)

VON DER LÜHE 2004

VON DER LÜHE, M. (Hrsg.): *Neue Methoden der Zielgruppensegmentierung.* Version: 2004. `http://www.spss.com/de/praxis/unicef.pdf`. – Online–Ressource, Abruf: 19. Apr. 2005

VON DER LÜHE 1997

VON DER LÜHE, M.: Vom Database Marketing zum Data Mining. Neue Methoden zur Zielgruppensegmentierung. In: *Handbuch der modernen Datenverarbeitung - Praxis Wirtschaftsinformatik* 193 (1997), S. 42–55

WEISSENBORN 2004

WEISSENBORN, S.: *Data Mining: Business and Data Understanding.* Seminararbeit für das Seminar „Data Mining" an der Fakultät für Mathematik und Wirtschaftswissenschaften Abteilung Angewandte Informationsverarbeitung der Universität Ulm im WS2003/04. `http://www.mathematik.uni-ulm.de/sai/ws03/dm/arbeit/` `weissenborn.pdf`. Version: 2004. – Abruf: 25. Apr. 2005

WEISS U. INDURKHYA 1998

WEISS, S.M. ; INDURKHYA, N.: *Predictive Data Mining: A Practical Guide.* San Francisco : Morgan Kaufmann Publishers Inc., 1998. – ISBN 1–55860–403–0

WIEDMANN U. A. 2000

WIEDMANN, K.-P. ; BÖCKER, C. ; KRAUSE, A.: Genetische Algorithmen als erfolgsversprechender Ansatz der Intra-Mediaselektion. In: *Planung und Analyse* 4 (2000), S. 58–64

WITTEN U. FRANK 1999

WITTEN, I.H. ; FRANK, E.: *Data Mining.* Berlin, Heidelberg, New York : Springer, 1999

ZADEH 1965

ZADEH, L.: Fuzzy Sets. In: *Information and Control* 8 (1965), S. 338–352

ZIMMERMANN 1995

ZIMMERMANN, H.-J.: *Datenanalyse: Anwendung von DataEngine mit Fuzzy Technologien und Neuronalen Netzen.* Düsseldorf : VDI, 1995. – ISBN 3–184–01437–1

ZYTKOW U. QUAFAFOU 1998

ZYTKOW, J.M. (Hrsg.) ; QUAFAFOU, M. (Hrsg.): *Principles of Data Mining and Knowledge Discovery, Second European Symposium, PKDD '98, Nantes, France, September 23-26, 1998, Proceedings.* Bd. *1510.* Berlin, Nantes : Springer, 1998 (Lecture Notes in Computer Science). – ISBN 3–540–65068–7